中国情境人力资源管理理论与实务系列

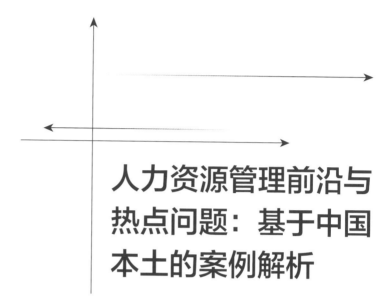

人力资源管理前沿与热点问题：基于中国本土的案例解析

颜爱民 ◎ 著

北京大学出版社
PEKING UNIVERSITY PRESS

内 容 简 介

本书所选案例完全来自中国本土,既考虑了行业性特征,又照顾了区域性和企业所有制特征。在案例编辑上,本书一方面力图保持各项目的原貌,凸显"全真"特征;另一方面,基于对每个案例所赋予的解析和传播功能,对项目资料做了必要的甄选和剪裁。对每个案例做了专门的解析,并作了评价、使用说明和案例研讨。

本书适合企业人力资源管理操作人员学习和应用,也能满足大学管理学专业和MBA/EMBA学员学习人力资源管理课程之需。

图书在版编目(CIP)数据

人力资源管理前沿与热点问题:基于中国本土的案例解析/颜爱民著. —北京:北京大学出版社,2019.1

中国情境人力资源管理理论与实务系列

ISBN 978-7-301-29991-3

Ⅰ.①人… Ⅱ.①颜… Ⅲ.①人力资源管理-中国 Ⅳ.①F249.21

中国版本图书馆 CIP 数据核字(2018)第 240518 号

书　　　名	人力资源管理前沿与热点问题:基于中国本土的案例解析 RENLI ZIYUAN GUANLI QIANYAN YU REDIAN WENTI: JIYU ZHONGGUO BENTU DE ANLI JIEXI
著作责任者	颜爱民　著
责任编辑	李　虎　王显超
标准书号	ISBN 978-7-301-29991-3
出版发行	北京大学出版社
地　　　址	北京市海淀区成府路 205 号　100871
网　　　址	http://www.pup.cn　新浪微博:@北京大学出版社
电子信箱	pup_6@163.com
电　　　话	邮购部 010-62752015　发行部 010-62750672　编辑部 010-62750667
印　刷　者	河北滦县鑫华书刊印刷厂
经　销　者	新华书店
	787 毫米×1092 毫米　16 开本　11.5 印张　265 千字 2019 年 1 月第 1 版　2023 年 1 月第 2 次印刷
定　　　价	32.00 元

未经许可,不得以任何方式复制或抄袭本书之部分或全部内容。
版权所有,侵权必究
举报电话:010-62752024　电子信箱:td@pup.pku.edu.cn
图书如有印装质量问题,请与出版部联系,电话:010-62756370

前　言

《易经·遁卦·象》曰："遁亨，遁而亨也；刚当位而应，与时行也；小利贞，浸而长也；遁之时义大矣哉。"作为专门管理学科的人力资源管理，一直都被认为主要由人力资源战略与规划、工作分析、招聘、培训与开发、薪酬、绩效考核等职能模块组成，这也是时下人力资源管理专业学习的主要课程内容。而在我近 30 年的教学、科研和实务项目开发应用过程中，面临的重要困惑就是人力资源管理内容远不止这些，课堂教学内容离社会和企业实际需求相去甚远，根本未能体现《易经·遁卦》中的顺应时势、与时俱进之意，长此以往，人力资源管理就会变成一门"死"学问，令人惊惧。幸《道德经》有言："知不知，尚矣；不知知，病也；圣人不病，以其病病；夫唯病病，是以不病。"如果总能以"病"的心态来审视我们的专业和教学过程，就能使人力资源管理"活"起来，并永远不"病"。

　　本书就是面对企业和社会的实际需要，针对人力资源管理体系"病"出的结果：大数据时代已经到来，大数据已经融入许多学科领域，人力资源管理工作者不能视而不见，如何将其应用于人力资源管理模块，我们从招聘技术入手做了初步尝试，希望能有抛砖引玉的效果；企业社会责任（Corporate Social Responsibility，CSR）已从理论研究步入实际应用，并且通过 SA8000 标准的强制认证成为国际市场和贸易的商业规则，反推企业关注各利益相关者的切身利益，它对企业作为股东获利工具的本质提出了严峻挑战，更从根本面上改变企业人力资源管理理念，进而可能全面影响人力资源管理的各个模块和各个环节，我们对此也不能熟视无睹；"情绪劳动"作为继"体力劳动""脑力劳动"之后的第三类劳动形式，改变了人力资源管理之劳动价值的理论基础，在当今第三产业大力发展，"情绪劳动"日趋重要的背景下同样引起了我们的高度关注；在近年私募基金（Private Equity，PE）大力发展、影响甚深的背景下，私募基金所依托的有限合伙制引起了我们的极大兴趣，这不就是人力资本和物力资本在企业制度层面设计上的最好体现吗？自从西奥多·舒尔茨教授提出"人力资本"理论后，在理论上确立了人的知识、才能和经验与资本具有同样的地位，但在企业制度设计上一直除了技术入股有所体现外，真正的管理经验和运营能力享有的资本利得一直难以得到有效体现，而私募基金所运用的有限合伙制则比较系统地解决了物力资本和人力资本的有效合作问题，这是企业人力资源管理在顶层技术设计上的重要模式，我们对此进行了应用探索，并以案例形式在本书予以呈现；成长型企业的发展瓶颈是我们常年面对并经常需要解决的技术难题，不少企业的企业主理念、人力资源管理模式和人才引进与留用瓶颈使我陡增了不少白发,而现有的人力资源管理本科甚至研究生教学内容中竟然没有这些内容,我觉得有责任予以补充;企业并购后的整合是一个系统工程,也是全球性的管理学技术难题,我为诸多企业并购后的人力资源整合劳心劳力,觉得做好实在不容易,也觉得应该告知管理学的本科生和研究生们,让他们也劳点神才对;核心员工流失、家族企业的转型和代际传承是我国民营企业发展的重要难题,其中蕴含着大量的人力资源管理原理,也具有广阔的人力资源管理技术应用空间,在一定程度上决定着中国民营企业的未来,这么具有现实意义和社会价值的人力资源管理大课题,我们必须呈现给读者,让大家一起来思考;最后是国有企业的有效激励问题,这是一个长期以来困扰我国国有企业发展的难题,尤其是在股权激励上涉及国有资产保值问题,一直备受争议,政策变化也较多,我个人认为只有在国企推行股权激励,才能从根本上解决国企发展的动力机制和有效治理约束问题,关键是如何完善激励政策和制度,这需要各方面的人来共同探索。

在本书的写作过程中,我组织我的研究生成立一个专门的秘书工作团队,协助我查阅文献、整理资料、编辑文稿、绘制图表。我确定每个章节的写作纲要并提出文献收集的主要方向后,由学生们分工查阅文献并做初步整理,我对文献进行初步阅读和梳理后提出进一步补充要求,学生们再进行新一轮的文献搜寻和资料整理;同样,由我先选定作为案例的项目资料,由学生们按照要求进行初步整理和改编,我再进行写作和修改定稿。秘书组文献和资料整理的具体分工是:李莹作为组长负责整体协调和文案统编工作,同时承担第1章、第3章、第7章的文献整理及案例初稿编辑工作;其他研究生的分工是:汪玉霞(第2章、第8章、第9章)、曾莎莎(第6章、第10章)、林兰(第4章、第5章),孙益延、郝迎春和龚紫三个人对全书图片和表格进行了绘制和整理。秘书组承担的工作量是最大、最重要的,我是在我的研究生助手们的优质工作基础上完成全书写作的,在此对他们的出色工作表示衷心感谢。我还要感谢案例企业云南天明视光公司、湖南黄金集团、银天大酒店、深思电气公司、湖南三森信息公司、一力股份有限公司、华菱钢铁、中联重科等为我们提供科研过程的有力配合和资料支持;感谢和我一起从事本书案例涉及的管理实务操作项目的各位企业家和合作伙伴,是他们高质量的工作为本书案例奠定了扎实的基础。

本书的写作源于实际工作面临的问题,原来只打算作为几个章节放到一本人力资源管理案例解析之中,作为对人力资源管理理论和实务工作面临新问题的提示和启发之用,但在写作过程中感觉到这部分内容实在很重要,仅作为一本书的少部分章节极有可能淹没其重要价值。为了凸显其重要性,经与王显超编辑商讨,决定将它们单独拿出来,作为一本探索性著作贡献给读者,应该更有意义,这是本书出版过程中的一个小插曲。

按照我对人力资源管理的理解和研究逻辑:生存(包含经济)是最底层的基础,文化是人工浇筑的基脚,制度是框架,由此构成人力资源管理的基础面,是一切人力资源管理问题的根基和源头。当今社会,在精密高效的工业经济生产模式之上,随着新的信息技术、互联网的飞速发展，人们的生存方式正在发生数千年未有之巨变，加之"地球村"时代的到来，文化的冲突和融合也日益激烈，中国正处在最深刻的社会变革时期。"人"的一切，包括生理和心理、身心和社会都面临全面冲击和挑战，人力资源管理面对着太多的新问题，我们置身于这种激烈变化的时代，只能根据自己所觉察到的一些事物和感悟，做少量的思考和探索，其高度和全面性自然十分有限，加之写作时间较紧、投入精力有限，本书只能算抛出一块"砖"，期待引来更多的"玉"。

颜爱民

2017年11月8日

丁酉年辛亥月乙亥日

于岳麓之麓、中南大学精进轩

目 录

第1章 大数据的影响与应用 ... 1
1.1 "大数据"的内涵与特征 ... 1
1.2 大数据正全面革新人力资源开发与管理技术 ... 2
1.3 面对大数据时代的人力资源管理窘境 ... 3
1.4 典型案例：云南天明视光公司基于大数据技术的网络招聘流程改进 ... 4

第2章 企业社会责任的影响与应用 ... 13
2.1 企业社会责任的概念和内涵 ... 13
2.2 企业社会责任评价维度 ... 14
2.3 企业社会责任已成为中国企业社会形象和国际化的应有之义 ... 14
2.4 企业社会责任对人力资源管理产生的深刻影响 ... 15
2.5 典型案例：湖南黄金集团基于企业社会责任理念的人力资源管理 ... 16

第3章 情绪劳动的影响与应用 ... 24
3.1 情绪劳动的内涵 ... 24
3.2 情绪劳动的效应 ... 26
3.3 权变视角下的情绪劳动 ... 28
3.4 典型案例：导入"情绪劳动"影响的人力资源管理体系的优化——以银天大酒店为例 ... 32

第4章 有限合伙制机制设计 ... 44
4.1 有限合伙相关概念及特征 ... 44
4.2 普通合伙人的激励与约束机制 ... 46
4.3 有限合伙人的风险防范和利益保护机制 ... 47
4.4 典型案例一：金天私募基金管理公司私募基金合伙机制设计 ... 48
4.5 典型案例二：深思电气公司海外项目合伙方案设计——基于内部创业合伙模式 ... 56

第 5 章　成长型企业瓶颈突破 ··· 67

5.1　相关概念 ·· 67
5.2　划分类型 ·· 68
5.3　企业成长理论 ··· 69
5.4　企业成长主要模式 ··· 72
5.5　突破企业主理念瓶颈 ·· 73
5.6　突破人力资源管理模式瓶颈 ·· 74
5.7　突破人才引进和使用瓶颈 ··· 77
5.8　典型案例：洞庭湖集团人才引进瓶颈问题解析 ························ 78

第 6 章　并购后的人力资源管理整合 ·································· 84

6.1　内涵与概念 ··· 84
6.2　主要整合模式 ··· 85
6.3　整合路径 ·· 86
6.4　典型案例：民营控股上市公司对国企并购后的人力资源整合难题——江北船舶制造控股公司并购西北电子公司 ······························· 88

第 7 章　家族企业的现代化转型 ··· 98

7.1　家族企业界定及其模型 ·· 98
7.2　家族企业发展的生命周期 ··· 101
7.3　家族式管理模式和现代化管理模式主要差异 ··························· 102
7.4　家族式管理企业终究必须现代化转型 ··································· 103
7.5　典型案例：湖南三森信息公司现代化转型过程中的管理问题 ······· 104

第 8 章　家族企业的代际传承 ·· 117

8.1　家族企业及代际传承的概念 ·· 117
8.2　代际传承过程模型 ··· 118
8.3　代际传承的内容及常见模式 ·· 121
8.4　家族企业代际传承的影响因素 ··· 123
8.5　典型案例：湖南一力股份有限公司代际传承案例 ····················· 126

第 9 章　民营企业的核心员工的流失问题及对策 ·················· 135

9.1　核心员工的概念及主要特征 ·· 135
9.2　代表性的员工流失模型 ·· 137

9.3 防止核心员工流失的主要方法 ……………………………………………………… 141
9.4 典型案例：三一重工某事业部核心员工流失问题及对策研究 ………………… 145

第 10 章 国有企业股权激励 …………………………………………………………… 155

10.1 股权激励在国有企业中的运用状况 …………………………………………… 156
10.2 股权激励的主要方式 …………………………………………………………… 157
10.3 典型案例一：以华菱钢铁为代表的上市公司"限制性股票＋股票增值权"模式 ………… 165
10.4 典型案例二：一项被撤回的股票期权激励计划——中联重科针对核心员工的股票期权激励 ……… 170

第1章 大数据的影响与应用

"大数据"(Big Data)作为独立词汇最早见诸报端始于1998年,刚开始并未得到学术界的广泛关注。2005年,美国IBM出版了具有里程碑意义的 *Inescapable Data* 一书,首次描述了大规模数据对企业发展和人们生活的影响。直到2007年,"大数据"及其技术被描绘为"第四范式"的科学研究方法时,科学界才对"大数据"做出积极回应[①]。2008年,*Nature* 杂志的《"拍"字节(Petabyte)时代的科学》[②] 专题的刊出,才正式确立"大数据"在科学界中的地位,并引起轰动。2011年6月,麦肯锡全球研究院的报告《大数据:下一个创新竞争和生产的前沿》指出:大数据的规模、存储容量以前所未有的速度增长,并逐渐渗透到各行各业,成为继人力资本、物质资产之后的又一重要生产要素[③]。*Harvard Business Review*(2012)将"大数据"视为一场新的管理革命,拉开了"大数据"在管理界理论及技术的轰动效应序幕[④]。

1.1 "大数据"的内涵与特征

1.1.1 "大数据"的内涵

美国国家科学基金会(National Science Foundation,NSF)将大数据定义为:由现代科学设备、网络设施、网络贸易、E-mail、流媒体软件、信息交互技术等多种数

---

① Tony Hey, Stewart Tansley, Kristin Tolle. The fourth paradigm: data-intensive scientific discovery - science and information management communication in computer and information science [J]. Science, 2012, 6 (5): 36-37.
② Big Data: science in the petabyte era [J]. Nature, 2008 (1): 1-136.
③ Huang S L, Xiang J. "Big Data" Light up "Wisdom" of Human Resources Management System. Science & Technology for Chinese Mass Media, 2013 (12): 76-78.
④ Andrew McAfee, Erik Brynjolfsson. Big data: the management revolution [J]. Harvard Business Review, 2012 (10): 11-13.

据源生成的多元化、复合型、宽领域、跨周期分布式的数据集群①。全球最具权威的IT研究与咨询顾问公司高德纳（Gartner）做出的定义是：大数据是通过特定的科学计算处理模式或公式才能了解掌握的有助于提高组织决策力、观察力和流程优化能力的海量、宽域、复合、多元信息资产。NSF、Gartner公司虽然对大数据的定义表述不同，但有一点较为一致，即认为大数据虽然与"海量数据"和"大规模数据"的概念一脉相承，但其在数据体量、数据复杂性和产生速度三个方面均大大超出传统数据形态。大数据的核心价值不在其数据信息规模，而是通过分析、计算、整合海量数据以发现其背后可能蕴含的本质性规律。因此，也有科学家提出"大"数据就是"小"数据，关键是通过大数据技术从中寻找传统数据技术所不能得到的深层次信息及规律②。

1.1.2 "大数据"的特征

比较通行的大数据特征是"3V"：规模性（Volume）、多样性（Variety）和高速性（Velocity）③。国际数据公司（International Data Corporation，IDC）认为大数据还应该具有价值性（Value），而IBM则认为大数据特征应该突出其真实性（Veracity），也就是所谓的大数据"4V"特征。

1.2　大数据正全面革新人力资源开发与管理技术

人力资源专业人员重要的职能之一是评估人才管理和开发技术，以及识别更有效地管理人力资本的机会。人力资本的合理配置是人力资源管理的核心。人力资本的优化既是人力资源管理永恒的主题，也是一项长期艰巨的任务，如何解决人力资源的配置和优化难题，分析工具和方法最为重要，传统的依靠经验、直觉和猜测等"实验真实性"（Tried and True）方法来指导人力资源管理技术正日益受到质疑。通过使用数据和指标来设计、评估和实施新的管理政策，解决优化人力资源管理分析水平，指导人力资源战略实践，已成为大数据时代的显著特征④。

基于这一时代背景，中国企业也开始逐步将大数据应用到人力资源的各个模块。比如有企业运用数据分析模型，及时对行业发展趋势、政治和法律因素等海量数据

---

① Hilbertm Lopezp. The world's technology capacity to store, communicate, and compute information [J]. Science, 2011, 332 (6025): 60-65.
② Ward J S, Barker A. Undefined by data: a survey of big data definitions [J]. Preprint, 2013 (5): 55-58.
③ Mark A. Beyer, Douglas Laney. The importance of big data: a definition [M]. New York: Cambridge University Press, 2012.
④ Kylie Goodell King. Data Analytics in Human Resources: A Case Study and Critical Review [J]. Human Resource Development Review, 2016, 15 (4): 487-495.

进行动态分析，适时对企业人力资源战略和规划等进行动态调整①。许多企业开始使用数据化招聘管理系统，通过从大数据中提取有效招聘信息，筛选出与企业岗位需求大体吻合的求职者，将人才素质进行量化模型匹配，帮助企业寻找与需求高度匹配的目标人群，大大提高招聘质量和招聘有效性②。腾讯等还将大数据技术应用于员工培训设计，通过大数据分析甄选最适合员工需求的培训内容，使培训更加高效、更有针对性③。绩效管理中应用大数据技术则体现更多的优势，有些企业通过分析员工绩效数据及其他数据间的潜在联系，寻找影响员工绩效状况的主要原因，以此制定针对性的绩效方案和制度，有效提高组织和员工绩效水平。此外，企业还通过基于互联网的大数据分析，从广泛信息源中发掘员工在物质、精神、生理、心理等多层面的需求，从而改变千人一面的传统福利模式，对不同员工实施差异化福利措施④。

1.3　面对大数据时代的人力资源管理窘境

1.3.1　人力资源管理者大数据理念缺失

很多企业硬件上已经具备了吸纳数据的可能，也有些企业已在生产系统广泛运用大数据技术，但是大数据技术却很难走入人力资源管理领域，其重要的原因是人力资源管理者大数据理念的缺失及他们对角色转换的不安。相当一部分人力资源管理者依然依赖经验和直觉做决策，其结果必定是：危险的半真半假就是胡扯（Dangerous half - truths and total nonsense）⑤。

1.3.2　人力资源管理者数据分析技能不足

更普遍的问题是，由于大数据技术尚未进入人力资源管理的教育和培训体系，中国的人力资源管理者普遍缺乏基本的数据分析技能，虽然有时他们也进行一些调研和数据分析，但依据的信息是残缺的，分析方法又缺乏科学性，其结果常常只是为自己的直觉和经验决策提供说明和佐证而已，这种分析的负面作用较大。2013 年美国管理

---

① 韩燕. 大数据在人力资源管理领域的应用价值与挑战 [J]. 经济研究参考，2016（56）：51 - 56.
② 朱翠萍，孙雨亭，秦丽伟. 大数据时代下企业招聘有效性研究 [J]. 中国人力资源开发，2015：70 - 72.
③ Clifford L. Big data：How do your data grow？[J]. Nature，2008，455（7209）：28 - 29.
④ 徐宗本，冯芷艳，郭迅华，等. 大数据驱动的管理与决策前沿课题 [J]. 管理世界，2014（11）：158 - 163.
⑤ JL Schwarz，TE Murphy. Human capital metrics：An approach to teaching using data and metrics to design and evaluate management practices [J]. Journal of Management Education，2008，32（2）：164 - 182.

协会（American Management Association，AMA）与企业生产力研究所的调查结果表明，与研究开发、财务管理、运营等人员相比，人力资源管理人员的分析能力是最差的，因此提升人力资源管理人员的数据分析能力是当务之急。

1.3.3　企业在相当时期内面临专业数据分析人才短缺难题

大数据分析横跨多个学科，从而对数据分析人才提出了极高的要求。专业的数据分析人才不仅需要精通信息科学和技术，同时对统计学、数学、心理学、生产运营等领域也要有深入的研究。当前这方面的人才非常稀缺。据麦肯锡公司相关数据统计，到2018年美国专业数据分析人才缺口达到14万~19万人，熟悉大数据应用技术同时了解组织需求的管理者短缺约150万人，作为大数据技术发源地的美国，其专业的数据分析人才供不应求现象都如此严重。中国大数据分析人才培养尚未起步，专业性的人才更是十分短缺，这将是制约企业和其他组织将大数据技术应用在人力资源管理领域的重要瓶颈。

1.3.4　商业数据安全和个人隐私保护面临新难题

互联网时代的发展以及大数据技术的广泛应用，对个人隐私和商业机密的安全造成了一定的威胁。大部分数据在采集时都包含了个人信息，个人信息共享于企业的ERP系统、人力资源信息系统、财务系统等数据库中。另外，企业通过网络招聘获得了应聘者大量与工作相关或者与个人生活相关的隐私数据。这些个人数据如何保护、如何合理运用是企业需要解决的难题，如果使用不当会造成个人隐私泄露，甚至对企业也造成一定的挑战和威胁。因此，企业在人力资源管理中广泛使用大数据分析时，必须首先建立规范的数据收集渠道、缜密的数据保护制度，解决好个人隐私和商业数据安全保护的问题。

1.4　典型案例：云南天明视光公司基于大数据技术的网络招聘流程改进

1.4.1　公司简介

天明视光眼科诊所创建于1988年，是全国性眼科医疗连锁服务机构。天明视光一直致力于持续提供全面眼睛及视觉护理，持续解决视觉障碍，改善视觉功能，维护视觉健康。旗下拥有数百位专业眼科及眼视光技术人才，已为超过百万人提供眼视光解决方案。为了满足快速发展所带来的人员需求激增，公司近年采用网络招聘的方式提升招聘效率。

1.4.2 网络招聘现状及问题

公司的网络招聘目前主要依托于本公司官方网站以及智联招聘、前程无忧等招聘网站，在站点发布招聘信息，应聘者在网站了解到企业空缺职位情况后，在线填写个人基本信息。公司人力资源部招聘专员定期浏览公司网站，当查阅到应聘者的应聘信息后，对所有应聘者发送候选人信息表，由应聘者填写自己详细的个人信息。人力资源部基于个人详细信息，人工筛选出符合公司要求的应聘者，对合格者发送初试邀请短信。初试、复试程序按照传统招聘流程完成。

随着企业规模的不断扩大以及网络招聘方式的广泛应用，由此产生的简历、应聘者申请、求职咨询的数据量也成指数形式增长，传统的人工简历筛选或中介招聘网站的简单关键词筛选方式无法高效处理这一海量数据，造成招聘初选效率下降，应聘者求职反馈严重滞后，入职者与职位匹配度下降，无法有效识别潜在候选人，职位空缺无法得到及时满足。除此之外，单纯依赖企业官方网站或其他招聘网站被动接受应聘者简历投递，缺乏企业与应聘者的互动交流渠道，降低了招聘双方双向选择的有效性。如何高效处理海量招聘数据，提高企业招聘录用率，在提高招聘效率的同时降低招聘成本，是天明视光公司面临的难题。

1.4.3 基于大数据技术的网络招聘流程改进方案设计

基于天明视光公司的网络招聘难题，中南大学人力资源研究中心专家组建议将大数据处理流程与技术植入到天明视光的网络招聘工作中，着重从重建网络招聘平台与改进网络招聘流程两个方面入手对现有网络招聘流程进行了优化，整体优化方案如图1.1所示。

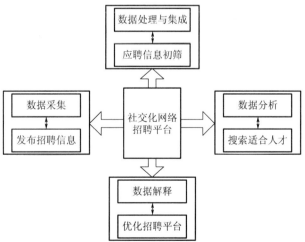

图 1.1 整体优化方案流程图

1. 搭建社交化网络招聘平台——扩展有效数据源

为增加有效应聘者的数量，企业在现有的基础上，积极搭建社交化网络招聘平台。公司内部的员工可以利用这个招聘平台进行交流，公司外的人可以利用这个平台全面了解公司信息。

第一，注册企业官方微博、微信公众号、知乎专栏等，定期更新与发布企业最新资讯和招聘信息。由于企业潜在招聘对象集中分布于拥有本科以上学历的眼科人才，因此可借助社交网络用户门槛这一细分手段，减少无效应聘数量。

第二，公司将线上招聘渠道与公司内部员工推荐这一线下渠道相结合，间接授权于公司老员工进行初步筛选工作，在减少招聘工作人员工作量的同时，提高初选与空缺职位的匹配度。具体操作模式为：要求公司全体员工登录企业线上招聘系统，并将这一系统与自己的社交网络平台（微博、QQ、微信、LinkedIn等）建立关联；招聘信息发布后，系统会通过同时面向求职者和招聘职位的双向扩展匹配算法，对社交网络和简历数据库的大数据进行数据挖掘和分析，找出同公司老员工有关联的潜在求职者；启动内部员工推荐程序。

为确保潜在应聘者的基础数量，员工之间可以互相推荐招聘任务，与此配套的员工推荐激励手段也采用线上与线下虚实结合的方式。当推荐的潜在候选人员成功录用之后，整个推荐链上的员工都会得到相应的网络积分和虚拟奖章，当网络积分和虚拟奖章达到一定级别时，再给予物质奖励。将员工内部推荐游戏化，也可以吸引更多的员工参与到招聘任务中来。将网络招聘从公司内扩展到社交网络这一大数据平台，在提高招聘有效性的同时，还可以帮助员工建立职业关系网，增强企业人力资源的活跃度。

2. 优化网络招聘流程——应用大数据技术提高网络招聘效率

（1）数据采集——发布招聘信息。

为减少后续数据筛选工作量，天明视光公司采用差异化信息发布方式，根据招聘岗位的不同层级与需求特点，选择不同的信息发布渠道。

对于前台导诊、客服咨询、验光员、涉外护士等一般性职位，招聘对象主要为应届毕业生或职龄较短的求职者，企业采用广发式信息发布方式，直接将招聘信息在企业官网、智联招聘、前程无忧等平台上发布，借助以大学生为主的社交网站，使招聘信息迅速地进行有效扩散。对于从这一渠道获得的简历，需要设立来源记录，即在应聘者信息中注明其获取招聘信息的来源，如微信公众号、微博、LinkedIn等，方便在渠道数据分析时加以参考。

对于美容激光操作师、光学研发工程师、门店店长等空缺职位，天明视光公司采用储备式招聘方式。通过微博的关注分组与智联招聘、前程无忧等注册认证门槛功能，设立了对应不同高级职位的专门人才库，实时关注企业所需人才的动向，同时注重与人才的日常互动，当企业特定职位出现招聘需求时，通过私信等方式即可与招聘对象直接沟通。同时，企业内部员工也可借助前述内部推荐网络平台协助企业完成高端人才的招聘信息发布。

（2）数据处理与集成——应聘者信息初步筛选。

在获取应聘者简历、求职申请或求职推荐后，企业采用人机结合的方式进行数据的初步筛选。在原有年龄、专业、外语程度筛选标准基础上，增设了性格、社会实践经验等多重参数，采用基础参数与匹配参数累计加分的筛选标准完成应聘者的初选。以前台导诊岗位为例，基础参数为年龄＜25岁，外语程度为大学英语四级＞500分。这两个参数为淘汰类参数，同时满足两个条件才能通过选择，由此得到基础得分10分；之后在专业、同类从业经验、性格三个匹配参数中，每满足一个指标获取5分加分，最终对通过淘汰参数的应聘者赋予得分，按照得分高低给予后续匹配优先权。

为避免因为筛选关键词设置问题而错失人才的现象，这一筛选过程采取人机结合方式。筛选标准与参数设定由用人部门与人力资源部共同完成，用人部门着重从胜任能力角度设立参数，人力部门主要从应聘者综合素质与企业环境融合度等角度设立参数，最终筛选结果由人力部门牵头与用人部门负责人共同确认生效。

（3）数据分析——应用人才雷达技术识别合适候选人。

对于通过员工推荐以及初步筛选的候选人，需进一步精确识别其与空缺职位的匹配度，这一问题可应用人才雷达技术加以解决。人才雷达技术是由"数联寻英"和HiAll两家公司联合开发的，它是基于云端、利用大数据进行定向分析和挖掘，帮助企业寻找适合的人才。

人才雷达技术是在九个维度上对应聘者进行分析，这九个维度分别是职业背景、专业影响力、好友匹配、性格匹配、职业倾向、工作地点、求职意愿、信任关系、行为模式。人才雷达技术的操作思路可以分成以下三个步骤。

第一，建立九个维度的职位胜任力模型。

人力资源部门在原有胜任力模型的基础上，对九个维度分别设置可量化的子项。下面我们以光学研发工程师岗位对A、B、C、D四位候选人的招聘为例，分析具体对该模型的应用。

① 将职业背景的评价子项设置为工作年限、原所在企业规模、岗位级别，其中工作年限分为0～3年、3～5年、5年以上三段，分别得分1分、2分、3分。原所在企业规模分为0～99人、100～500人、500人以上，分别得分1分、2分、3分。岗位级别分为助理、中级、高级三种，分别得分1分、2分、3分。

② 将专业影响力设置为获奖次数、专利技术数量、下属人数三个，获奖次数分为0～5次、6～10次、10次以上，分别得分1分、2分、3分。专利技术数量分为0～5次、6～10次、10次以上，分别得分1分、2分、3分。下属人数分为0～10人、11～30人、30人以上，分别得分1分、2分、3分。

③ 将好友匹配分为好友个数、好友亲密度平均值、好友之间平均每天互动次数三个，好友个数分为0～50个、51～100个、100个以上，分别得分1分、2分、3分。好友亲密度平均值分为0～60分、61～90分、90分以上，分别得分1分、2分、3分。好友之间平均每天互动次数0～10次、11～20次、20次以上，分别得分1分、2分、3分。

④ 将性格匹配分为社会实践次数、特殊奖励次数、性格特质三项，社会实践次数分为0～5次、6～10次、10次以上，分别得分1分、2分、3分。特殊奖励次数0～5次、6～10次、10次以上，分别得分1分、2分、3分。性格特质分为：情绪稳定性得1分、谨慎性和随和性得2分、外向性和开放性得3分。

⑤ 职业倾向分为成就测验、情景模拟、能力测试，得分为专业测试得分。

⑥ 工作地点分为是否为本地人、意向工作地是否为公司所在地、能否出差，"是"得2分，"否"得1分。

⑦ 求职意愿分为意向岗位是否与应聘岗位相同，工作经验是否与应聘岗位匹配，目标薪酬与岗位薪酬的相差度，前两个回答"是"得2分，回答"否"得1分，第三个相差0～1 000元得3分，1 001～2 000元得2分，2 000元以上得1分。

⑧ 信任关系可分为情景模拟得分、原上级的信用评分、原同事的信用评分（10分制）。

⑨ 行为模式可分为团队精神、沟通能力、应变能力，得分为专业测试得分。

经过分析统计，四人的得分情况 A_{ij}、B_{ij}、C_{ij}、D_{ij} 见表1-1。

表1-1 候选人得分情况

应聘者	A			B			C			D		
1	3	2	2	2	3	1	2	2	3	2	3	1
2	3	2	1	3	1	1	3	2	2	1	2	3
3	1	2	2	1	1	2	2	1	1	2	1	2
4	2	1	2	1	2	1	1	1	2	1	1	2
5	39	36	41	31	34	35	40	34	38	31	35	44
6	2	2	2	1	2	1	1	2	2	1	2	1
7	2	2	2	1	2	1	2	1	2	2	2	1
8	8	7	7	6	5	6	9	5	4	7	6	6
9	42	45	46	36	32	31	37	39	46	41	46	31

第二,设立职位胜任能力权重系数矩阵。

每个评价要项对胜任能力的影响度不同,因此需要事先设立职位胜任能力权重系数矩阵,以确保能力评价的准确性,天明视光光学研发工程师职位胜任能力权重系数矩阵结构见表1-2,其中 Q_{ij} 为第 i 个职位在第 j 个评价要项的权重系数。

表1-2 权重系数

Q_{ij}	$j=1$	$j=2$	$j=3$
$i=1$	0.04	0.03	0.02
$i=2$	0.05	0.03	0.01
$i=3$	0.01	0.03	0.01
$i=4$	0.03	0.02	0.04
$i=5$	0.04	0.05	0.06
$i=6$	0.05	0.04	0.06
$i=7$	0.04	0.03	0.03
$i=8$	0.03	0.03	0.02
$i=9$	0.03	0.04	0.05

第三,计算应聘者的职位胜任能力得分,选择合适应聘者。

将A、B、C、D的多项得分进行加权调整,得出每个应聘者的胜任能力评价得分,例如可以得出A在职业背景维度的得分为0.22分,B的职业背景维度的得分为0.19分,C的得分为0.20分,D的得分为0.19分,同理可以算出四人其他维度的得分情况。结果见表1-3~表1-6。

表1-3 应聘者A的得分

应聘者	A			权重系数			得分
1	3	2	2	0.04	0.03	0.02	0.22
2	3	2	1	0.05	0.03	0.01	0.22
3	1	2	2	0.01	0.03	0.01	0.09
4	2	1	2	0.03	0.02	0.04	0.16
5	39	36	41	0.04	0.05	0.06	5.82
6	2	2	2	0.05	0.04	0.06	0.3
7	2	2	2	0.04	0.03	0.03	0.2
8	8	7	7	0.03	0.03	0.02	0.59
9	42	45	46	0.03	0.04	0.05	5.36
合 计							12.96

表1-4　应聘者B的得分

应聘者	B			权重系数			得分
1	2	3	1	0.04	0.03	0.02	0.19
2	3	1	1	0.05	0.03	0.01	0.19
3	1	1	2	0.01	0.03	0.01	0.06
4	1	2	1	0.03	0.02	0.04	0.11
5	31	34	35	0.04	0.05	0.06	5.04
6	1	2	1	0.05	0.04	0.06	0.19
7	1	2	1	0.04	0.03	0.03	0.13
8	6	5	6	0.03	0.03	0.02	0.45
9	36	32	31	0.03	0.04	0.05	3.91
合　计							10.27

表1-5　应聘者C的得分

应聘者	C			权重系数			得分
1	2	2	3	0.04	0.03	0.02	0.20
2	3	2	2	0.05	0.03	0.01	0.23
3	2	1	1	0.01	0.03	0.01	0.06
4	1	1	2	0.03	0.02	0.04	0.13
5	40	34	38	0.04	0.05	0.06	5.58
6	1	2	2	0.05	0.04	0.06	0.25
7	2	1	2	0.04	0.03	0.03	0.17
8	9	5	4	0.03	0.03	0.02	0.5
9	37	39	46	0.03	0.04	0.05	4.97
合　计							12.09

表1-6　应聘者D的得分

应聘者	D			权重系数			得分
1	2	3	1	0.04	0.03	0.02	0.19
2	1	2	3	0.05	0.03	0.01	0.14
3	2	1	2	0.01	0.03	0.01	0.07
4	1	1	2	0.03	0.02	0.04	0.13
5	31	35	44	0.04	0.05	0.06	5.63
6	1	2	1	0.05	0.04	0.06	0.19
7	2	2	1	0.04	0.03	0.03	0.17
8	7	6	6	0.03	0.03	0.02	0.51
9	41	46	31	0.03	0.04	0.05	4.62
合　计							11.65

在此基础上绘制人才雷达图,如图 1.2 所示。可以看出候选人 A 距离中心最远,是最符合要求的。为了验证系统改进的有效性,人力资源部将 A、B、C、D 四人同时录用,并对四人的工作情况进行跟踪,结果显示,A 在四个人中的表现最好。

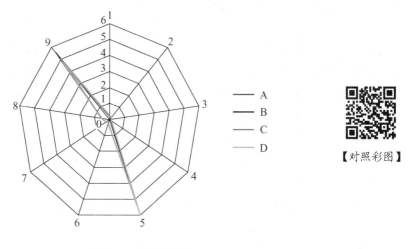

图 1.2　人才雷达图

(4) 数据解释——优化企业网络招聘平台。

依据大数据分析技术所做出的人员筛选结果需要在企业内部得到充分的应用。企业将每一次网络招聘结果在企业内网公示,其中包含候选人获取的渠道、候选人胜任能力的特征概括、推荐链中每个推荐人获得奖励额度等关键信息,以便为后续招聘提供参考。此外,企业网络招聘平台同时承担发布招聘信息与树立企业形象的双重功能。天明视光公司还根据应聘者在招聘网站各版面停留时间判断其兴趣点,进而进行了重点建设;同时依据应聘者对网站文字、图片、视频的浏览次数及停留时间,合理分配文字、图片及视频的所占比例;再根据合适候选人招聘信息的社交网络渠道来源,对已选择的社交网络信息平台进行重点维护,增加招聘信息转发、关注度,进一步提高应聘数据的可靠性。

1.4.4　案例解析

云南天明视光眼科公司是我常年合作支持的企业,作为一个采用连锁经营模式、以技术服务为主导的企业,近年来发展势头迅猛,尤其是以光学研发工程师为代表的核心人才的需求量大,其招聘数量和质量成为公司发展的重要问题。面对企业在全国范围内的连锁模式扩张和相应的全国范围内的招聘,公司人力资源部门忙得焦头烂额,还是不能够满足各个地方扩张和发展的人才需求,为了解决这一难题,我们尝试应用大数据技术取得了意想不到的效果。案例详细展示了大数据技术应用于企业招聘的全过程,是一次大数据技术应用人力资源管理领域的有益探索,对人力资源管理面向大数据时代的变革有重要启示和借鉴价值，对于想要采用大数据技术进行网络招聘的企业具有直接的参考意义。

评价：本案例从构建网络招聘平台与改进网络招聘流程两个方面入手对企业原有招聘流程进行了优化，比较详细介绍了网络招聘工作中如何进行数据采集、数据处理和集成、数据分析和数据解释，最终绘制雷达图，达到了招聘目标的全过程。实践证明，大数据技术确实可以大幅度扩展招聘范围，提高招聘效率和招聘精准程度，遴选到企业优秀人才。当然，能够应用大数据技术实施这一招聘过程的改革，首先得益于企业核心管理者的开放的思想和先进的理念，同时公司确实面临招聘的巨大压力，在客观上也促成了这种先进技术的实施和成功。本案例毕竟是一次大数据思想和技术在人力资源管理的应用探索，具有引领意义和借鉴价值，但许多方面的考虑未必很成熟，希望读者能甄别。同时，希望读者能借此案例进一步思考和探索大数据技术如何有效应用到人力资源管理其他模块和领域之中。

使用说明：本案例是一个实用的网络招聘案例，重点介绍如何将大数据处理流程与技术植入网络招聘工作之中。希望读者通过本案例建立起重视数据、应用数据、数据增值的理念，建立起大数据与人力资源管理融合的观念，与时俱进，及时将大数据应用到人力资源管理其他职能模块之中。

案例研讨：

1. 本案例将大数据应用到招聘领域还有哪些不足？请提出改进意见。

2. 从本案例的大数据应用中，你得到的主要启示是什么？讨论将大数据应用到人力资源管理其他模块的可行性及面临的问题。

第 2 章　企业社会责任的影响与应用

由于对企业本质的认知不同，传统的以资本主导、资本雇佣劳动的企业本质决定着企业的一切行为以资本所有者的意志和获利目标为中心，企业显现的是追求利益最大化的纯经济行为特征。进入 20 世纪 70 年代以后，"社会公正""消费主义"等问题受到重视，企业短期行为造成的自然环境恶化问题日益凸显，企业及其资本控制者与社会及其他社会相关人员的冲突和矛盾日益尖锐。1984 年，Freeman 构建了利益相关者理论[1]，企业从传统的资本所有者角度拓展到了利益相关者，包括企业的债权人、雇员、消费者、供应商等交易伙伴，也包括政府部门、本地居民、本地社区、媒体、环保主义等压力集团，甚至包括自然环境、人类后代等受到企业经营活动直接或间接影响的客体。企业的本质内涵已发生深刻变化，企业的行为动机是由企业的各利益相关者利益目标博弈和平衡的结果所决定。企业社会责任（Corporate Social Responsibility，CSR）已成为当代管理的重要课题，也成为人力资源管理的全球性热点问题，它已从根本上影响到人力资源管理的理念，进而影响到人力资源管理的各种操作技术和运行机制。

2.1　企业社会责任的概念和内涵[2]

企业社会责任的概念起源于 20 世纪 60 年代，是在美国经济萧条、企业大型化引发的社会问题日益严重、经济民主运动日趋高涨的时代背景下产生的。"企业社会责任之父" Howard Bowen 在 1953 年最初提出的企业社会责任是指"商人的一种义务，即商人要依据社会的目标和价值来制定政策、作出决策或者要遵循的行动规则"[3]。进入 70 年代，CSR 概念的内涵不断扩张，Carroll（1979）[4] 提出了著名的企业社会责任四维度模型，即企业社会责任包括经济、法律、伦理、资源四个维度。当前的企业社会

---

[1] Freeman R E. Strategic management: A stakeholder approach [M]. Boston: Pitman, 1984.
[2] 颜爱民，李歌. 企业社会责任对员工行为的跨层分析——外部荣誉感和组织支持感的中介作用 [J]. 管理评论，2016（1）：121-129.
[3] Bowen H R. Social Responsibility of the Businessman [M]. New York: Harper & Row, 1953.
[4] Carroll A. A three-dimensional conceptual model of corporate performance [J]. Academy of Management Review, 1979（4）：497-505.

责任内涵不仅包括创造利润（为股东利益负责），对员工、社会和环境做出承诺，同时也包含商业道德、安全生产、劳动者合法权益、资源节约、慈善公益、关爱弱势群体等方方面面①。

2.2 企业社会责任评价维度

继 Carroll（1979）的四维度模型之后，诸多学者对企业社会责任的评价维度进行了探索，使之日趋完善和规范。Steiner（1980）② 将企业社会责任分为内部企业社会责任和外部企业社会责任。内部企业社会责任主要是针对员工方面的责任，包括员工培训、晋升、工作环境等方面的内容；外部企业社会责任包括激发少数团体的创业精神以及培养或雇用残障人员。Frederic（1983）③ 则将社会责任分为自愿性和强制性两个维度。自愿性责任指企业自发性活动，如慈善捐赠等；强制性责任则是指法律法规限定的责任，如保护员工工作安全、防治环境污染等。Clarkson（1995）④ 指出企业应该对六个主要的利益相关者负责：顾客、员工、供应商、投资商、社区和环境。它不仅从经济视角，而且从环境及社会视角补充了企业社会责任模型。

目前影响最大、最具权威性的还是欧洲联盟委员会（2001）给出的企业社会责任模型，它包括内、外两个维度，其内部维度是指主要与人力资源管理和环境影响管理有关的公司实践，包括与人力资本的管理和投资相关的活动，健康和安全问题、变化过程的管理，并减少对环境的影响；其外部维度是与外部利益相关者有关的活动，特别是其中包括当地社区、消费者、商业伙伴和供应商，包括与公司的关系和这些利益相关者有关的实践，以及尊重人权和关注全球环境问题。

2.3 企业社会责任已成为中国企业 社会形象和国际化的应有之义

1997 年由"社会责任国际"（Social Accountability International，SAI）发起并联合欧美跨国公司和其他国际组织，制定了社会责任国际标准（Social Accountability

---

① 李歌，颜爱民，徐婷. 中小企业员工感知的企业社会责任对离职倾向的影响机制研究 [J]. 管理学报，2016, 13 (06): 847-854.
② Steiner G A. Business，Government & Society [M]. New York: Random House, 1980.
③ Frederic William C. Corporate Social Responsibility in the Reagan Era and Beyond [J]. California Management Review (Berkeley), 1983, 25 (3): 145-157.
④ Clarkson M E. A Stakeholder Frame Work for Analyzing and Evaluating Corporate Social Performance [J]. Academy of Management Review, 1995, 20 (1): 92-117.

8000 International Standard，SA8000），建立起整套的 SA8000 社会责任管理体系认证制度，并迅速为众多国家和国际组织所采纳，成为对世界贸易产生重要影响的国际性制度体系。企业社会责任由此被强制性推广到全球的大部分地区。由于国际组织和许多国家将 SA8000 作为出口的"蓝色壁垒"，作为"劳工保护"和"公平"竞争的重要内容，任何国家的产品或劳务要想进入这些参与的国际组织成员国或实施 SA8000 作为贸易规则的国家，都必须按照 SA8000 的标准承担规定的企业社会责任。这是我国企业开始关注并迅速重视和推广企业社会责任的重要外部动因。当然，企业社会责任报告制度自然还是由跨国公司带入中国的。1999 年，壳牌（中国）公司发布了我国第一份企业社会责任报告。2006 年，深圳证券交易所发布了《上市企业社会责任指引》，引导和鼓励上市企业发布企业社会责任报告，这是我国企业社会责任发展的重要转折点，从此，中国企业社会责任报告制度迅速普及，社会责任报告数量呈现了井喷式的增长。[①] 2015 年中国企业社会责任报告白皮书统计数据显示，从 2006 年到 2015 年十年间，社会责任报告的总量从 32 份增长到了 1 703 份，实现了迅速的增长。

2.4 企业社会责任对人力资源管理产生的深刻影响

如前所述，实施企业社会责任的理论动因是利益相关者理论，企业的行为、运营的动力和目标从单一的股东利益转向利益相关者，这无疑会对人力资源管理从理念到操作产生全方位的影响。Greenwood（2002）[②] 研究发现，重视和推行企业社会责任的公司在人力资源管理方面有以下四个特征：①奖励体系会遵照公平、公正、自治、尊重原则；②重视工作环境的安全，重视员工身心健康的保护，特别重视对意外事故发生的防止；③对待员工遵循尊重、透明、诚实和审时度势的原则；④尊重和保护员工的隐私。

企业实施社会责任可以营造良好的工作氛围，形成雇主品牌效应，塑造良好的企业社会形象，增强组织吸引力，从而形成经济绩效的良好循环。我们通过对中国企业的实证研究发现：企业社会责任可以提升员工的组织支持感和外部荣誉感，进而显著正向影响员工的角色内行为和组织公民行为。员工角色内行为的改善最直接的表现是提高企业的绩效；组织公民行为包括利他、文明礼貌、任劳任怨、责任心和公民道德等行为。组织公民行为是组织赖以健康发展和保持高绩效的重要基础，因为企业社会责任能够提升员工组织公民行为，它当然会从诸多方面正向影响员工行为绩效和组织绩效。通过我们的实证研究还发现，企业社会责任能够降低员工离职倾向，员工会更

[①] 王浦劬. 国家治理、政府治理和社会治理的含义及其相互关系 [J]. 国家行政学院学报，2014（3）.
[②] Greenwood M R. Ethics and HRM：A review and conceptual analysis [J]. Journal of Business Ethics，2002，36（3）：261-278.

愿意留在拥有良好声誉和企业社会责任的企业中，企业由此可降低因人才流失而造成的损失[①]。

随着SA8000在中国企业的普遍推广，这种对企业有一定强制性的定期社会责任报告披露制度，会倒逼企业调整经营理念，从过度专注企业利润目标转向关注企业员工、供应商、消费者和社会环境等诸多方面的利益，有利于企业树立良好的品牌形象，赢得顾客和社会各利益相关者的满意，从而提升了企业竞争力。当然，企业社会责任的实施和认证过程，也推动着企业内部管理系统发生了深刻变革，推动着企业人力资源管理从战略规划、工作分析、考核、薪酬福利、培训和激励各个方面产生相应的变革。

2.5 典型案例：湖南黄金集团基于企业社会责任理念的人力资源管理

2.5.1 集团简介

湖南黄金集团有限责任公司（以下简称"湖南黄金集团"或"集团公司"）于2006年1月经湖南省人民政府批准，由湖南省国资委和中国黄金集团共同出资组建，2006年4月18日正式挂牌成立。成立时原名"湖南金鑫黄金集团有限责任公司"，2012年8月经湖南省人民政府批准，更名为湖南黄金集团有限责任公司。集团公司注册资本6.6亿元，其中省国资委出资50 648.4万元，占76.74%；中国黄金集团公司出资15 351.6万元，占23.26%。集团公司主要从事黄金和其他有色金属矿产资源的投资、开发利用及相关产品的生产和销售、贸易、资本运营、资产管理、矿山采选冶等工艺、工程的设计、咨询及技术服务。是国内第五大产金公司、第二大产锑公司、重要产钨公司，是中国黄金协会副会长单位、中国钨业协会常务理事单位、中国有色金属工业协会理事单位。

目前集团拥有子公司10家，其中1家控股上市子公司——湖南黄金股份有限公司（股票代码002155），3家全资子公司——湖南中南黄金冶炼有限公司、湖南时代矿山机械制造有限责任公司、湘金国际投资有限公司，3家控股子公司——湖南金水塘矿业有限责任公司、湖南省财鑫好望谷置业有限公司、湖南黄金集团矿业投资有限公司，3家参股子公司——湖南宝山有色金属矿业有限公司、湖南鼎塑贵金属有限公司、湖南省稀土产业集团有限公司，32家三级子公司。业务涵盖黄金、有色金属的探

---

① 李歌，颜爱民，徐婷. 中小企业员工感知的企业社会责任对离职倾向的影响机制研究[J]. 管理学报，2016，13（06）：847-854.

采选冶、锑钨深加工和矿山机械制造，拥有金锑钨综合冶炼厂、高砷高硫黄金冶炼厂等 9 家冶炼加工单位，1 家产品销售中心，1 家锑钨外贸公司。截至 2015 年年末，集团（含全资、控股子公司）在职员工 8 768 人。

2.5.2 集团公司企业社会责任实践

集团公司主要以黄金和其他有色金属矿产资源产品为主，其在采矿及冶炼等生产过程中必然会涉及员工的人身安全、健康、环境保护以及与周边居民的关系等诸多方面的问题。同时由于国家强调"探索创新矿产资源开发模式"，要求实现科学发展观的矿产资源开发方式，实现对资源的可持续利用，加强了对矿产企业社会责任的要求，湖南黄金集团众多子公司都与矿采和冶炼等相关，不可避免地要加强对企业社会责任的重视，实现自身的可持续发展。

我们根据 Carroll 的企业社会责任金字塔模型，可以发现集团公司在企业社会责任四个维度的实践如下所述。

1. 经济责任

集团公司在 2016 年全年共生产黄金 20 720 千克，同比增加 5.46%；锑品 30 246 吨，同比减少 1.78%；钨品 2 011 标吨，同比增加 29.66%。2016 年实现合并销售收入 67.81 亿元，同比上升 17.07%；实现利润总额 15 451.66 万元，同比上升 831.71%；实现归属于母公司股东的净利润 14 350.25 万元，同比上升 482.3%。公司连续多年分红回报给股东，近三年，累计派发现金红利合计 6 010.20 万元，三年累计派发现金红利总额占合并报表中归属于上市公司股东平均可分配利润的 52%。这一系列硕果表明公司逐步实现企业的经济责任以及对股东这一利益相关者的责任。

2. 法律责任

集团公司严格根据《公司法》《证券法》《企业内部控制基本规范》及相关法律法规要求，完善公司治理模式，注重发展质量，促进公司更加符合现代企业的理念和标准。其下属矿山企业及相关项目也取得了《采矿证》《安全生产许可证》《中华人民共和国开采黄金矿产批准书》等相关证件，严格遵守国家有关矿产资源开发的法律法规，履行其法律责任。

3. 伦理责任

公司秉承诚实守信的商业行为准则，注重与各利益相关方的沟通和协调，共同构筑信任合作的平台，始终坚持"品质超前"的质量方针，"百分之百"的质量目标，把客户的要求作为最高质量标准。集团陆续通过了 ISO 9001：2000 质量管理体系认证，其下属子公司辰州矿业也持续通过了 ISO 9001：2008 质量管理体系认证。

4. 慈善责任

集团公司一直积极履行社会公民义务，回报社会、服务社会，积极参与社会公益事业，在力所能及的范围内，积极参加所在地区的科教卫生、社区建设、捐资助学、扶贫济困等社会公益活动，促进公司所在地区的发展，为推进和谐社会建设贡献自己的力量。2016 年湖南黄金集团社会公益捐赠金额达 100 万元，其下属子公司辰州矿业为照顾公司周边居民及公司员工，一直坚持招聘当地人为员工，其员工到目前为止基本上是"矿三代""矿四代"；2014 年以前，辰州矿业一直设有子弟学校及医院，为周边居民、员工及员工家属提供了便利，在企业蓬勃向上发展的同时兼顾了地方的发展。

5. 两大利益相关者：环境和员工

集团公司坚持安全生产，切实保护环境。集团坚持可持续发展战略，围绕年度安全环保工作目标，有效运行 ISO 14001 环境管理体系，集团主要生产矿山还获得了国家"绿色矿山"称号。其中，2016 年，公司的安全环保投入 4 183 万元；全年百万工时伤害率 3.98%，比上年度下降 9.95%。全年未发生重大交通、设备、火灾事故。在资源开发、矿山建设及开采过程中，注重保护当地居民利益，重视环保管理，不断更新完善污染治理设施，确保污染治理设施正常运行，严格执行国家排放标准，确保废水、废气等污染物达标排放。重视技术创新，树立"绿水青山就是金山银山"的环保意识。2016 年，公司成功实现了砷碱渣无害化处理，彻底解决了砷碱渣环保难题。通过积极探索，公司创新了烟气脱硫工艺，使得二氧化硫排放浓度达到 100mg/m³ 左右，远低于国家 400mg/m³ 的新排放标准。2016 年公司还加强了对废水的治理力度，排放指标均满足标准要求，砷碱渣清洁生产工程也已投入运行，危险废物得到妥善处置。

集团公司除在实现经济责任的同时也是实现了对股东的社会责任，公司还在追求企业发展时始终追求企业与员工利益的共同提升。由于集团公司下属子公司大部分是矿山类企业，员工的健康是企业必须重视的问题，所以公司每年都会组织员工进行健康体检和专项体检，辰州矿业公司还通过了 ISO 18001：2007 职业健康安全体系认证，足见集团公司对员工的重视。其中，集团公司在 2016 年完成接尘岗位 4 521 人次、接毒岗位 710 人次的健康体检，并对发现问题员工及时进行康复治疗。另外，为促进员工职业的发展，2016 年，公司继续深入开展员工权益维护类培训，通过采取集中培训与个人自学相结合的培训形式，确保培训效果，全年培训 18 530 人次；建立了管理、技术、操作三个不同方向的全员职业发展通道，营造员工学习与成长环境，有效管理员工职业发展。

2.5.3　集团公司在可持续发展过程中遇到的问题

集团公司作为以黄金和其他有色金属矿产资源产品为主的公司,在资源可持续利用、员工安全健康生产、环境保护等方面也不断地面临挑战。

1. 内部环境严峻,企业发展面临挑战

2014年年末,集团除锑以外的保有资源储量不大,优质资源量更少,与国内其他行业内大型企业比,集团控制的资源储量偏少。集团控制的部分资源基地矿床规模不大,地质工作程度偏低,探矿难度大,周期长,探矿效果较差,所属矿山新增资源不足以支撑矿山可持续发展。部分新基地刚结束普查勘探,生产勘探和基建工程尚未展开,权证办理还需相当艰难的过程,要达产达效还需较长时间。部分老矿山进入资源危机期和衰减期,开采深度和难度增大,探明资源逐年减少,难以支撑矿山的持续稳定生产。

产品量难以达到需要,成本也在不断加大。资源开发的投资大,生产成本刚性上涨。集团所属基地主要分散在偏远山区,基建投资大;资源储量规模较小,大规模开发难度较大;所属矿山都是井下开采,机械化程度不高,开发成本高;资源竞争激烈,矿业权获取成本较高;矿山周边关系处理难度越来越大,协调成本上升较快;生产成本逐年上升,电力价格以及材料成本上涨,安全环保支出增幅大;用工矛盾仍较突出,苦脏累险岗位工种用工紧张,队伍流动大、素质不高,人工成本刚性上涨。

集团在资源综合利用、专业体系设计、选冶工艺优化、产品深加工技术研发、井下机械化和自动化等方面技术优势不明显,竞争力欠缺。集团的自主研发能力也存在不足,人才队伍中有影响力的核心人员偏少,创新性人才更是缺乏,整体技术水平有待引进、培育和提高,加大自主知识产权核心技术的研究,加快解决技术瓶颈问题。

2. 外部环境严峻,企业竞争压力加大

从外部环境来看,2015年,黄金、锑品、钨品价格的大幅下跌,黄金、锑品、钨品产品的销售价格受到影响,集团主要产品价格可能持续低位震荡,能源、原料、人工等生产要素成本将刚性上涨,对集团公司销售收入及利润将产生较大影响。国家对矿业监管、安全环保、职业防护的政策和法规日趋严格,集团面临安全生产、环境保护方面的投入越来越多。加之目前我国黄金行业集中度不断提高,大型黄金集团为主导的新格局正在形成,行业内企业之间的竞争日趋激烈。集团虽然有自身特色和一定优势,但与同行业大型矿业企业相比,在规模、效益和综合实力上仍存在一定差距,集团核心竞争力的提升面临一定挑战。据中国黄金协会统计，2014年我国黄金十大产金省（区）中湖南省位列第五（见表2-1），湖南黄金集团矿产金、黄金销售收入、经济效益分别位列全国第八、第十和第六，与行业中的主要产金集团尚存在一定差距。

表2-1 国内主要黄金企业对比情况表（截至2014年年底）

企业名称	规模	资源储量	利润总额	技术水平及行业地位
中金黄金	总资产276.41亿元，营业收入335.5亿元，年矿产金182.8吨	拥有矿权136宗，面积836km²，保有黄金金属量562.72吨	4.91亿元	拥有独立自主知识产权的生物氧化提金技术和原矿焙烧技术，以及代表我国同行业最高水平的"99.999极品黄金"精炼技术
山东黄金	总资产226亿元，营业收入458亿元，年自产金26.9吨	拥有十余座金矿山，黄金储备74吨，远景储备240吨	11.48亿元	属于国家重点扶持的520家大型企业，选冶总回收率达世界先进水平，采矿方法、难选冶金精矿处理、含氰废水零排放行业领先，建设绿色矿山成果显著
紫金矿业	总资产752亿元，营业收入588亿元，年产金159吨	拥有矿权510宗，面积4 668km²，金金属保有储量1 341吨	33.24亿元	拥有国内单个矿山规模最大、入选品位最低、生产成本最低的低品位金矿矿山，以铜金矿开发为主
山东招金	总资产264亿元，营业收入56亿元，年产金32.9吨	拥有矿权81宗，面积1 212.5km²，金金属储量372吨	6.8亿元	拥有领先的加压氧化工艺、细菌氧化工艺等，中国企业500强，招金品牌为中国500强最具价值品牌
湖南黄金	总资产85.3亿元，年产金15.5吨，营业收入61亿元	拥有矿权62宗，面积744km²，保有金属储量：金88.6吨，锑27.2万吨，钨8.3万吨，铅锌38.7万吨	0.49亿元	拥有世界领先的金锑冶炼分离核心技术；国内领先的深井开采技术；国内领先的高砷高硫复杂金精矿冶炼技术；国内领先的多金属综合回收技术

基于以上严峻的内外部环境，集团的利润将受到较大影响，开采成本等也在不断上升，能够派发给股东的现金红利也会有一定削减，用于维持集团健康发展的资金同样会受到影响。

3. 人才培养体系与分配激励机制的建设有待提高

一是集团科研、资本运营、海外经营人才及高技能人才比例偏低，生产一线用工矛盾依然突出；以岗位管理为基础，公平公正、层次分明的职业发展通道、储备干部体系尚未完全建立。

二是针对普通员工，以"价值创造和利润贡献为导向、兼顾公平"的薪酬浮动和激励机制尚未真正实现；针对高、中层管理人员、科研领军人才等企业骨干，以中长期激励的创新激励体系尚未起步。

2.5.4 集团公司基于企业社会责任的人力资源管理制度

集团公司一直积极履行企业社会责任，积极发展自身经济以促进企业及股东、员工、地方的共同发展，严格遵守减排标准以保护生态环境，积极参与社会公共事业等。随着企业社会责任理念在中国企业内尤其是国企内的推广，黄金集团不断调整经营理念，将其不断融入其人力资源管理制度之中，集团尤其注重对员工责任的履行，并通过人力资源管理来实现对其他方面的责任。

首先，集团积极将履行企业社会责任的理念深入到企业文化当中，集团公司坚持大力弘扬"企业为家、艰苦创业"的企业精神，坚持以人为本、和谐发展的价值观，营造员工实现自我价值与企业目标同向、百年黄金企业历史文化积淀与现代湘湘文化创新相结合的黄金企业文化的良好氛围。始终将社会责任意识和观念贯穿于企业的发展战略、生产经营和管理的各个环节，在实践中不断深化改革、加强管理、锐意创新、加快发展，始终把稳健经营、规范治理、安全生产、环境保护、节能减排、员工权益和社会公益作为全面履行社会责任的重要内容。具有社会责任意识的企业文化使企业在社会中形成良好的声誉，更易吸引人才进入企业，使员工认可企业，留住企业需要的人才。

其次，集团坚持"以人为本"的企业宗旨，在人力资源的储备、人才招聘、选拔、育人、留人方面均将员工放在首要位置。集团公司采用公开竞聘的选人用人体系；建立集团机关员工职业发展通道；积极组织、聘请专家和学者或公司内部专业技术管理人员进行知识讲座，有计划选派员工参加各类专业技能培训班和会议，并设有专门的职工教育经费；针对不同岗位设定不同的考核方式，如根据子公司性质、经营管理水平、发展能力及年度生产经营目标任务等确定考核指标，一般分为目标绩效考核、行业对标考核和纵向对标考核三组；薪酬组成一般包括基薪、绩效年薪和薪酬系数，基薪主要根据公司经营难度、经营风险等结合所在行业和地区平均工资水平来确定。各项基本制度充分考虑员工的实际情况和岗位特征，充分体现"以人为本"的特征。

再次，鉴于资源开发、自主创新能力不足，选冶工艺优化、产品深加工技术研发、井下机械化和自动化等方面技术不足以形成优势，集团公司全面实施人才强企战略，以培养一支高素质的经营管理型人才、科技创新型人才、高技能型人才、国际化人才为目标。集团公司计划投资4亿元打造集团创新中心，通过重组或重建的方式，在长沙组建一家集科研、勘查、检测、设计于一体的矿业设计科研中心。院士专家工作站、博士后科研流动站协作研发中心相继落户辰州矿业和宝山矿业,也为进一步加大企业与高校的产学研合作提供了发展平台。

最后,集团公司考核的一大特色是实行内部经济责任制。子公司的生产中的安全环保问题是集团公司社会责任的重点,集团公司通过内部经济责任制的方式将绩效与安全环保问题紧密联系在一起。其流程为:由集团公司战略规划确定目标指标和项目指标分解到责任主体集团公司与其签订年度目标责任书,由总经理牵头,各分管领导和部门参与,按年度进行考核。如各矿业子公司负责人有粉尘浓度合格率以及年百万工时伤害率等附加考核指标,若出现伤亡或者重大污染事件,最直接的影响就是负责人工资大幅降低,从而大大提升了粉尘浓度合格率以及降低了年百万工时伤害率。

2.5.5 案例解析

本案例的湖南黄金集团是我作为省国资委派驻担任外部董事的企业,作为一个以百年矿山为背景的大型有色金属采选冶联合企业集团,经济效益与环境保护、企业发展和对员工责任的矛盾从来都很突出。公司在导入企业社会责任理念,定期发布企业社会责任报告后,在理念和制度层面逐步融入企业社会责任思想,企业逐步向经济绩效、环境绩效以及社会绩效三者统一的良性发展方向迈进,呈现出很好的可持续发展势头。因其具有比较好的典型意义,我们将其转变过程和社会责任报告的部分内容整合起来,编成案例以飨读者。

评价:犹如自然人一样,作为法人的企业是社会的重要组成部分,其行为自然也就具有社会属性,必须符合社会规则,承担必要的社会责任。西方学界在20世纪后期提出包括经济、法律、伦理、资源在内的企业社会责任模型后,企业责任很快从学术研究领域进入到商业规则和国际贸易秩序的制度层,已演变成为企业运行和管理的重要外部强制性约束条件,由此企业社会责任成为企业管理不得不关注和重视的重要领域。然而,企业社会责任在中国的发展明显滞后,中国企业的企业社会责任意识和管理制度体现均明显落后于世界竞争环境所需,这是我们选用本案例的重要原因。本案例真实地呈现了湖南黄金集团将企业社会责任导入到企业管理尤其是人力资源管理的过程,其青涩和探索性特征十分明显,但对企业推行社会责任仍然有重要引领意义。

使用说明:企业社会责任的核心是在于兼顾企业与其利益相关者的利益,不同企业面对的主要问题不同。本案例企业作为资源开发型企业,其在环境保护及与环境利益相关者的利益矛盾,以及由于职业病引发的对员工的社会责任是该企业社会责任应该主要关注的对象,而有些企业如食品和药品企业,其社会责任可能更多地体现在对消费者身上,建议读者根据不同企业来重点关注不同的利益相关者,不可照搬。本案例中企业社会责任较多地停留在理念层面,建议读者更多地关注制度操作层面的企业社会责任，这需要我们共同努力推进企业社会责任在我国社会中的应用深度，以利于企业的可持续发展。

案例研讨：

1. 找出本案例中企业社会责任实施存在的问题，并提出改进意见和方案。

2. 针对一家纺织企业，如果未能有效实施企业社会责任，它在国际贸易中会面对什么样的问题？由此讨论企业社会责任实施的商业价值。

第 3 章 情绪劳动的影响与应用

情绪作为理性的对立面，一度被视为职场禁忌。美国社会学家 Hochschild[①] 于 1979 年首次提出"情绪劳动"（Emotional Labor）的概念，将"情绪劳动"视为一种有别于脑力劳动和体力劳动，而在实践中广泛存在的另一种劳动形式。自此之后工作场所的情绪问题得到了学界和实践界的共同关注，经过四十年的发展，情绪劳动研究积累了丰富的成果成为组织行为学与人力资源管理研究领域中一个重要的研究主题。服务业在现代经济中扮演着越来越重要的角色，传统制造业也前所未有地重视对客户的服务与支持，服务性岗位从业人员的队伍日益庞大，他们的日常工作中包含大量的"情绪劳动"。尽管"情绪劳动"在国内的研究尤其是应用方面受到的关注甚少，但我们认为，"情绪劳动"应该成为我国人力资源管理理论和实务界高度重视的、具有深入研究和广泛应用价值的重要领域[②③]。

3.1 情绪劳动的内涵

Hochschild 最早给出的"情绪劳动"定义是：服务业从业人员按照组织要求，在公共场合，为呈现他人可见的面部表情和肢体语言而对自己的个人感受进行管理的工作行为，其实质是一种职业角色的"扮演"[④]。

学者们在 Hochschild 的基础上进一步发展和完善了情绪劳动的定义，认为情绪劳动是在与顾客互动过程中展现得体情绪的行为及相应的心理过程[⑤⑥]（Ashforth &

[①] Hochschild A R. Emotion work, feeling rules, and social structure. American Journal of Sociology, 1979 (85): 551-575.

[②] 廖化化, 颜爱民. 情绪劳动的内涵 [J]. 管理学报, 2015 (12): 306-312.

[③] 廖化化, 颜爱民. 情绪劳动的效应、影响因素及作用机制 [J]. 心理科学进展, 2014 (22): 1504-1512.

[④] Hochschild A R. The managed heart: Commercialization of human feeling. Berkeley, CA: University of California Press, 1983.

[⑤] Ashforth B E, Humphrey R H. Emotional labor in service roles: The influence of identity [J]. Academy of Management Review, 1993 (18): 88-115.

[⑥] Morris J A, Feldman D C. The dimensions, antecedents and consequences of emotional labor [J]. Academy of Management Review, 1996 (21): 986-1010.

Humphrey，1993；Morris & Feldman，1996）。由此可知，情绪劳动具有双重内涵，它既可以指征工作中的情绪表达要求，也可以指征个体在工作场所的情绪调节行为①。前者被定义为展现规则（Display Rule），后者被定义为情绪劳动策略（Emotional Labor Strategies）②。

3.1.1 情绪劳动展现规则

员工情绪的外部表现必须遵循一定的规则，这种规则在情绪劳动理论中被称为展现规则。展现规则是组织对员工在服务过程中展现给顾客的情绪的内容、程度、多样性和一致性的要求，是组织基于对顾客的了解而制定的行为规范。一般以正式或非正式的组织制度形式存在。作为正式的组织制度，组织据此奖励和惩罚员工相应的情绪表达行为，实现对员工情绪展现行为的指导和控制。

3.1.2 情绪劳动策略

表层扮演和深层扮演是情绪劳动者进行情绪调节的两种常见方式，因而被称为情绪劳动的两种策略。表层扮演指个体为了展现符合组织规则的情绪，对情绪的外部表现（如表情、姿势、语调）进行调整，比如"强颜欢笑"。深层扮演指个体通过调节内心感受来展现符合组织规则的情绪，比如"热情洋溢"。情绪调节涉及压抑消极情绪与假装积极情绪两个过程，常见的调节手段包括自我说服与想象两种。表层表演和深层表演的主要差别③：①指向的对象不同，表层扮演调节的对象是情绪的外部表现，深层扮演调节的对象是情绪的内在体验；②个体干预发生的时间不同，表层扮演中调节发生在情绪体验之后，深层扮演中调节发生在情绪体验之前；③结果状态不同，表层扮演中情绪表现是背离情绪体验的，而深层扮演中两者是一致的。

---

① Grandey A A, Chi N W & Diamond J A. Show me the money! Do financial rewards for performance enhance or undermine the satisfaction from emotional labor? Personnel Psychology, 2013, 66 (3): 569-612.
② Hochschild A R. The managed heart: Commercialization of human feeling. Berkeley, CA: University of California Press, 1983.
③ Grandey A A. Emotion Regulation in the Workplace: A New Way to Conceptualize Emotion Labor [J]. Journal of Occupational Health Psychology, 2000, 5 (1): 95-110.

3.2 情绪劳动的效应[1]

3.2.1 作用于员工

实证研究发现,情绪劳动的表层扮演较多的对员工产生负面影响,比如会给员工带来情绪耗竭、情绪失调、压力、消极情绪状态、工作满意度降低、个人成就感降低、工作投入减少等[2][3]。更进一步的分析表明,表层扮演不仅直接影响员工心理健康,还会通过它们引发其他的一些负面结果,如离职意向或行为、角色背离行为、工作家庭双向冲突、工作退缩行为等[4]。研究也揭示:深层扮演与员工工作水平的结果变量之间存在正向关系。如 Brotheridge 和 Grandey（2002）通过对来自5个不同行业的服务性岗位员工的研究发现,深层扮演能显著提高员工的个人成就感[5]。Chen 等人（2012）通过对中国酒店业一线员工的研究发现,深层扮演能显著提高工作满意度、降低工作倦怠,并进一步影响个体的工作绩效[6]。Grandey（2003）的研究发现深层扮演会使员工提供服务时进行更多的情感传递（Affective Delivery）,为顾客提供友好而温情的服务[7]。

3.2.2 作用于顾客

顾客在情绪劳动理论中扮演着重要的角色。首先,展现规则源于顾客期待,企业

---

[1] 廖化化,颜爱民. 情绪劳动的效应、影响因素及作用机制 [J]. 心理科学进展,2014（22）:1504-1512.

[2] Brotheridge C M, Grandey A A. Emotional labor and burnout: Comparing two perspectives of "people work". Journal of Vocational Behavior, 2002（60）: 17-39.

[3] Bechtoldt M N, Rohrmann S, De Pater I E, Beersma B. The primacy of perceiving: Emotion recognition buffers negative effects of emotional labor. Journal of Applied Psychology, 2016（96）: 1087-1094.

[4] Diefendorff, J M, Greguras G J. Contextualizing emotional display rules: Examining the roles of targets and discrete emotions in shaping display rule perceptions. Journal of Management, 2009（35）: 880-898.

[5] Brotheridge C M, Grandey A A. Emotional labor and burnout: Comparing two perspectives of "people work". Journal of Vocational Behavior, 2002（60）: 17-39.

[6] Chen Z, Sun H, Lam W, Hu Q, Huo Y, Zhong J A. Chinese hotel employees in the smiling masks: roles of job satisfaction, burnout, and supervisory support in relationships between emotional labor and performance. The International Journal of Human Resource Management, 2012（23）: 826-845.

[7] Grandey A A. When "the show must go on": Surface and deep acting as predictors of emotional exhaustion and service delivery. Academy of Management Journal, 2003（46）: 86-96.

基于对顾客期待的了解制定出组织规则①。其次，顾客是服务交易互动的主体之一，是情绪劳动者展现出来的情绪的直接目标受众。同时，作为互动主体之一，顾客的反馈以及顾客本身的态度、行为又会反过来影响情绪劳动者的情绪体验和表达。

实证研究发现，深层扮演正向影响顾客对员工顾客导向的认知，进而影响顾客对服务质量的总体评价，再进一步影响顾客忠诚意向。类似地，深层扮演会改变顾客的情绪状态，并进一步影响服务者——顾客融洽（Customer - employee Rapport）和顾客满意度，并以顾客满意度为完全中介，进一步影响顾客忠诚意向②。

表层扮演对顾客的影响模式要复杂得多。跨行业样本的研究发现，表层扮演单独作用时对多个顾客变量既没有积极影响也没有消极影响，但它与顾客识别准确性（Customer Detection Accuracy）的交互作用对顾客导向的认知有显著的负向影响。就是说，如果服务者采用表层扮演策略，即使展现出来的情绪符合顾客期待和组织要求，但若顾客看出来他的情绪是伪装的、虚假的，顾客就会对他的服务导向进行负面评价③。但是，受服务者伪装水平的影响，顾客并不能识破所有的表层扮演。因此在某种意义上可以说，情绪劳动只要不被察觉，就不会对顾客产生消极影响④。

3.2.3 作用于组织

希望通过规范员工的情绪表达来提高组织绩效是所有重视情绪劳动管理的组织的共同期待。多个实证研究证明，情绪劳动对员工的整体绩效有显著的影响，表层扮演和深层扮演以不同的路径、不同的方向作用于绩效。同时，上文中不管是员工工作态度、工作行为，还是顾客的服务质量评价、满意度、忠诚意向无一不是组织绩效重要的前置变量。因此，虽然没有实证研究直接测量情绪劳动对组织销售额或利润的影响，但情绪劳动对于组织的影响是不言而喻的，只是相对于员工和顾客而言，组织维度的结果变量处在情绪劳动因果关系链上相对远端的位置⑤。

---

① Diefendorff J M, Richard E M. Antecedents and consequences of emotional display rule perceptions. Journal of Applied Psychology, 2003 (88): 284 - 294.

② Hennig - Thurau T, Groth M, Paul M, Gremler D D. Are all smiles created equal? How emotional contagion and emotional labor affect service relationships. Journal of Marketing, 2006, 70 (3): 58 - 73.

③ Groth M, Hennig - Thurau T, Walsh G. Customer reactions to emotional labor: The roles of employee acting strategies and customer direction accuracy. Academy of Management Journal, 2009 (52): 958 - 974.

④ Côté. A social interaction model of the effects of emotion regulation on work strain [J]. Academy of Management Review, 2005 (30): 509 - 530.

⑤ 廖化化，颜爱民. 情绪劳动的效应、影响因素及作用机制 [J]. 心理科学进展，2014 (22): 1504 - 1512.

3.3 权变视角下的情绪劳动[①]

3.3.1 个体特征变量的调节作用

1. 性别

由于男性习惯克制情绪、女性倾向于表达情绪，因此压抑、假装对女性来说更难，表层扮演给女性带来的内在压力、后续影响可能会大于男性。实证研究显示，相比男性，表层扮演确实会给女性员工带来更强烈的消极情绪，进而导致更强的情绪耗竭感、更多的工作退出行为和更低的工作满意度[②③]。深层扮演可以通过重新评价、想象等认知手段来调节情绪体验与表达，因而研究者推断由于女性可能从深层扮演中获得更强烈的积极情绪体验，所以深层扮演可能对女性后续的工作行为产生更强的驱动力。实证研究显示，女性在一天工作中的深层扮演越多，消极情绪便越少，工作退出行为也随之显著减少，这一关系在男性样本上却不显著[③]。

不管采用哪种策略，情绪劳动过程涉及的情绪调节对女性的内在心理状态、工作行为的影响都更大，其中既有积极影响也有消极影响。男性则似乎对这一过程具有一定的免疫力，所受影响甚微。这表明，女性在情绪劳动工作中并没有明显的先天优势，她们并不像早期理论认为的那样更擅长从事情绪劳动工作。

2. 外倾性

外倾性对情绪劳动与员工心理健康、工作绩效的关系有显著的调节作用。内向者在一天工作中的表层扮演越多，消极情绪便越强烈；而外向者一天工作中的表层扮演越多，消极情绪却会显著减弱。类似地，表层扮演给内向者带来的情绪耗竭感也显著高于外向者。但值得注意的是，深层扮演在显著减弱内向者消极情绪的同时，也会小

[①] 廖化化，颜爱民. 权变视角下的情绪劳动：调节变量及其作用机制［J］. 心理科学进展，2017（25）：500-510.
[②] Scott B A, Barnes C M. A multilevel field investigation of emotional labor, affect, work withdrawal, and gender. Academy of Management Journal, 2011, 54 (1): 116-136.
[③] 刘朝，王赛君，马超群，等. 基于多层线性模型的情绪劳动、情绪状态和工作退缩行为关系研究. 管理学报，2013，10（4）：545-551.

幅减弱他们的积极情绪，显著增强外向者积极情绪的同时，又小幅增强他们的消极情绪[1]。总体而言，情绪劳动对于内向者来说更难、负效应的风险更高，外倾性是一项对情绪劳动员工有益的特质。

3. 自我监控

自我监控水平高的个体被称为社交场合的"变色龙"，他们对情境线索敏感，善于察言观色、随机应变。实证研究发现：自我监控水平高的人更善于"表演"（Acting），与顾客、同事互动时他们相比低自我监控水平的人会有更多的表层扮演，深层扮演却旗鼓相当[2]。自我监控还对情绪劳动与多个结果变量之间的关系有显著的调节作用：深层扮演对高自我监控者的工作满意度有显著的积极影响，对低自我监控者的工作满意度影响不显著；工作日间个体深层扮演的波动幅度（Deep Acting Variability）越大，高自我监控水平者的工作退出行为便会显著增加，低自我监控水平者的工作退出行为却会显著减少；表层扮演的波动幅度（Surface Acting Variability）对两者工作满意度（负向）、工作退出行为（正向）的影响方向一致，但对高自我监控水平者的影响程度显著小于低自我监控者[3]。

总体而言，高自我监控水平的人会有更多的表层扮演，深层扮演自我监控水平高的情绪劳动者工作满意度相对更高，但情绪调节行为的频繁波动对他们来说也是有心理代价的。长期保持情绪调节的随机应变状态是否会有损于个体身心健康、长期绩效是一个值得我们进一步探讨的问题。

4. 任务自我效能感

任务自我效能感包括情绪调节自我效能感和表层扮演自我效能感两种操作性定义。前者指个体对于自己是否能够有效地进行情绪调节的信念，后者则指向更加具体的表层扮演过程。实证研究发现：情绪调节自我效能感高的员工在受到顾客苛待后做出的报复性破坏行为要显著少于那些情绪调节自我效能感低的员工[4]；表层扮演自我

---

[1] Judge T A, Woolf E F, Hurst C. Is emotional labor more difficult for some than for others? A multilevel, experience-sampling study. Personnel Psychology, 2009, 62（1）: 57-88.

[2] Ozcelik H. An empirical analysis of surface acting in intra-organizational relationships. Journal of Organizational Behavior, 2013, 34（3）: 291-309.

[3] Scott B A, Barnes C M, Wagner D T. Chameleonic or consistent? A multilevel investigation of emotional labor variability and self-monitoring. Academy of Management Journal, 2012, 55（4）: 905-926.

[4] Wang M, Liao H, Zhan Y J, Shi J Q. Daily customer mistreatment and employee sabotage against customers: Examining emotion and resource perspectives. Academy of Management Journal, 2011, 54（2）: 312-334.

效能感对表层扮演和情绪耗竭之间的关系有显著的负向调节作用[1]。此外，表层扮演自我效能感不仅弱化了表层扮演导致的情感承诺降低，也对低情感承诺导致的缺勤行为增加起到了减弱作用，最终使表层扮演与缺勤行为之间显著的直接关系变得完全不显著[2]。这些研究说明，当个体相信自己能有效地进行情绪调节（即使是表层扮演）时，情绪劳动对个体内在状态、后续行为的消极作用会显著减弱。

3.3.2 工作情境变量的调节作用

工作场所的情境因素包括两类：任务特征和社会性特征。任务特征包括自主性、组织监管强度、薪酬设计等，社会性特征主要是上级的影响。

1. 自主性

同样的任务情境中，自主组的任务绩效显著优于那些要求按指令呈现特定情绪的被试；指令组会有更多的表层扮演行为、明显的情绪耗竭感，自主组的表层扮演、情绪耗竭均不显著[3]；工作自主性会显著增强深层扮演与工作满意度的关系，扭转表层扮演作用于情感健康、情绪耗竭、工作满意度的作用方向[4]。这些数据说明，工作自主性对情绪劳动作用于员工心理健康、绩效及工作满意度的过程都有不容忽视的影响。

2. 情绪展现规则的强度

组织展现规则通常以正式制度的形式实现对员工情绪活动的监管、干预，并且有研究显示，中等强度的展现规则管理效果最佳。行业情绪劳动要求也是衡量工作中展现规则强度的一个指标，其实质是行业从业人员在日常工作中需要进行社会互动、情绪管理的强度，它反映的是社会公众对特定职业角色的期待[5]。相对非正式的、内隐

---

[1] Pugh S D, Groth M, Hennig-Thurau T. Willing and able to fake emotions: A closer examination of the link between emotional dissonance and employee well-being. Journal of Applied Psychology, 2011, 96 (2): 377-390.

[2] Nguyen H, Groth M, Johnson A. When the going gets tough, the tough keep working: Impact of emotional labor on absenteeism. Journal of Management, 2016, 42 (3): 615-643.

[3] Goldberg L S, Grandey A A. Display rules versus display autonomy: Emotion regulation, emotional exhaustion, and task performance in a call center simulation. Journal of Occupational Health Psychology, 2007, 12 (3): 301-318.

[4] Johnson H A M, Spector P E. Service with a smile: Do emotional intelligence, gender, and autonomy moderate the emotional labor process? Journal of Occupational Health Psychology, 2007, 12 (4): 319-333.

[5] Bhave D P, Glomb T M. Emotional labor demands, wages and gender: A within-person, between-jobs study. Journal of Occupational and Organizational Psychology, 2009, 82 (3): 683-707.

的行业情绪劳动要求而言,正式的组织展现规则给员工带来的控制感更直接、更强烈[①]。因此,当组织对员工情绪活动实施高强度监控、干预时,展现规则的消极作用便会凸显出来。行业情绪劳动要求由于对员工行为的影响路径更长、方式更内隐,给员工制造的压力相对有限,展现规则的积极作用便会彰显出来。这一解释与上文工作自主性的影响机制是相互呼应的。因此,组织需要对员工情绪劳动进行一定的指导与约束,但也不宜干预太多;员工在情绪调节与表达活动中享有一定的自主性具有重要意义。

3. 绩效工资

具有交换价值是情绪劳动的基本属性之一。学者们指出工作收入(尤其是绩效奖励)作为工作结果具有绩效反馈功能,它会反过来对情绪劳动的作用过程产生影响。将绩效工资作为情境因素引入了情绪劳动与工作满意度的关系模型中进行系列实验发现,在同等情绪劳动要求下,有奖励组的工作满意度、积极心情(兴奋感、自豪感)均高于无奖励组。实地研究中,不同形式的绩效奖励(主观感知或实际获得)对情绪劳动要求、表层扮演与工作满意度的关系均有显著的调节作用。在低绩效奖励的情境中,情绪劳动要求对工作满意度的影响不显著,表层扮演对工作满意度有显著的负向影响;在高绩效奖励的情境中,情绪劳动要求、表层扮演对工作满意度均有显著的正向影响。绩效奖励对深层扮演与工作满意度之间的正向关系没有调节作用[②]。这些数据说明,经济奖励的主观感知与客观刺激对于情绪劳动工作者来说都有积极的意义。它不仅有益于总体工作满意度,还能唤起情绪劳动者的积极情绪;它能放大行业展现规则的积极效应,赋予表层扮演积极的力量,又不会削弱深层扮演的积极作用。可见,工作场所的情绪劳动要求、情绪调节行为并不像早期理论假设的那样,必然以牺牲员工心理健康为代价换取组织利益。

4. 管理者

作为组织的代理人,管理者的存在、支持程度、行为风格都对员工情绪劳动有着重要的影响。研究发现,有主管领导的情绪劳动工作者的工作满意度要显著高于没有主管的同行从业者。此外,在低主管支持的情境中,表层扮演、深层扮演都会带来工作满意度的降低、工作倦怠的增加,但主管支持对表层扮演的调节作用相对深层扮演更强。Kaplan 等人(2014)进一步指出,领导者自身的情绪管理行为也是员工积极情

---

① Grandey A A, Diamond J A. Interactions with the public: Bridging job design and emotional labor perspectives. Journal of Organizational Behavior, 2010, 31 (2-3): 338-350.
② Grandey A A, Chi N W, Diamond J A. Show me the money! Do financial rewards for performance enhance or undermine the satisfaction from emotional labor? Personnel Psychology, 2013, 66 (3): 569-612.

绪、展现规则认知、压力感的重要影响因素①。领导的行为风格，比如辱虐领导行为会给那些倾向于采用表层扮演策略的下属带来更加显著的情绪耗竭感，并以此为中介进一步增加员工工作退缩行为②；而道德型领导对下属表层扮演与工作投入之间的负向关系有显著的调节作用，但是对深层扮演主效应的调节作用不显著③。总体而言，管理者既可能是员工情绪劳动过程中赖以寻求支持的对象，同时也可能是额外的压力来源。因此，组织应该重视主管在员工情绪劳动过程中发挥的作用，而作为管理者则应该注意在日常管理中关注、关心员工的情绪表现。

3.4 典型案例：导入"情绪劳动"影响的人力资源管理体系的优化——以银天大酒店为例

3.4.1 公司简介

银天大酒店于2006年8月1日正式开业，是集客房、餐饮、娱乐为一体的商务型酒店，它是浏阳市首家荣膺国家五星级的旅游饭店，酒店总建筑面积4.2万平方米，投资规模3.6亿元。酒店拥有各类型客房221间（套），餐饮区域总营业面积6 000多平方米，餐位1 200个，风格各异的餐饮包厢30个，另设有咖啡厅、西餐厅、大堂吧、商务会所等；拥有不同类型和规模的会议室6个，能满足各类会议，婚、寿喜宴需求；康体中心总营业面积为6 200多平方米，其中：娱乐（KTV）大小包厢28个，棋牌54间，足浴18间，桑拿、保健按摩18间，以及美容美发等；另设有200平方米的健身房，310平方米的室外游泳池以及乒乓球、台球等康体娱乐项目。用心做、做精细、坚持做、做品牌，是企业一贯的思想理念，并一如既往坚定企业的发展战略，立足本土市场，拓展会议和旅游营销渠道，加强内部管理，树立高星服务意识，提升企业品牌形象，做顾客的贴心人。

酒店把"以顾客为中心，以市场为导向"作为企业经营的核心理念，秉承"顾客是亲人，服务是快乐"的服务宗旨，在完善硬件设施的基础上，同时加强员工的队伍建设、技能培训、安全管理、规范各项规章制度。为提高管理水平，酒店聘请酒店管

---

① Kaplan S, Cortina J, Ruark G, LaPort K, Nicolaides V. The role of organizational leaders in employee emotion management: A theoretical model. The Leadership Quarterly，2014，25（3）：563－580.

② Chi S C S, Liang S G. When do subordinates' emotion-regulation strategies matter? Abusive supervision, subordinates' emotional exhaustion, and work withdrawal. The Leadership Quarterly，2013，24（1）：125－137.

③ Lu X J, Guy M E. How emotional labor and ethical leadership affect job engagement for Chinese public servants? Public Personnel Management，2014，43（1）：3－24.

理专家、教授和资深人士来店进行全方位的培训，同时采取"走出去、请进来"的方式，与同行交流管理经验、互通业务信息，通过多渠道、多手段全面提高管理和服务水平。特别是学习"青岛海景文化"以来，就将其文化运行精髓"认同、领悟、渗透、行动、结果"，以及文化实践"内化于心、外化于行"贯穿于始末，立足于"为浏阳争光添彩"的企业使命出发，提高员工对企业的认同感和归属感。企业文化建设坚持以人本思想为指导，从关注员工需求出发，高度重视员工的满意度，通过价值引导和思想统一，增强员工主人翁精神，实现员工个人和企业的双向发展。

在竞争越来越激烈的大环境下，银天大酒店试图进一步增强酒店的服务水平，提高企业竞争实力，虽经过不断地服务培训但效果总不尽如人意。为解决这一难题，银天大酒店特地向中南大学人力资源研究中心项目小组进行咨询。

3.4.2 人力资源管理现状及其问题分析

1. 酒店一线服务人员基本情况分析

酒店目前定编470人，有直接面向客户的一线服务型员工221人，约占总员工数的一半。其中餐饮部服务人员95人，客务部服务人员55人，康乐部服务人员63人，PA（共同区域打扫）部服务人员8人。可以看出，餐饮部的服务人员最多，占服务人员总人数的近一半，其次是客房和康乐部服务人员。

在年龄构成上，服务人员的年龄特征明显。40岁以上员工42人，30～39岁员工47人，29岁及以下员工132人，分别占总服务人员数量的19%、21%和60%。其中，30岁以上的服务人员多数在客房和康乐部服务，30岁以下的服务人员集中在餐饮和前台，整个酒店的客房部仅有1人未满30岁，其余全部为年龄较大的员工。这是因为餐饮业的服务人员招聘本身就倾向于对收入要求不高、在其他行业无特殊技能的年轻人，而客房部出于安全性、稳定性、细致性和低成本考虑，更愿意雇用年龄较大、有经验的女性。

服务人员的学历普遍偏低。221名一线服务人员中，具有大学本科学历的占16%；大专学历的占29%；大专以下学历的最多，约有55%。尽管酒店在薪酬制度上有一定的偏向，可由于高学历的员工稳定性、成本、可得性和服务行业大环境的影响，效果并不明显。

性别比例相差悬殊。221人中，男性员工仅有28人，约占总人数的13%，且较为集中，除了餐饮部少数几个男性服务员外，基本集中在酒店大堂和传菜生中，会务、客房并无一名男性员工，遇到须由男性员工完成的工作，只得在保安、维修员工中借调。

普遍工作年限短。有3年以上工龄的服务人员仅有53人，2014年离职率达到18%，2015年达到20%，2016年高达24%。在领班层次的基层管理岗位上，又以客房部老员工、年龄较长的PA居多，鲜见年轻员工。

总体来说，银天大酒店一线服务人员年龄特征明显，学历普遍较低，且以女性为主。由于人员离职率较高，所以工龄较长的服务人员数量较少。

2. 调研结果分析

考虑到服务质量很难提升、离职率年年上升很可能是因为银天大酒店没有考虑"情绪劳动"这一因素，为深入了解问题根源，项目小组关于以下几个方面对一线服务人员进行了调研分析，部分问卷调查结果如下。

（1）员工对服务规章制度的（尤其是对情绪展现规则要求的正式制度）评价（见表3-1）。

表3-1　员工对服务规章制度评价（5分制）

	是否科学的评价	是否先进的评价	是否完善的评价
最大值	4	5	5
最小值	1	1	1
平均分	2.53	2.29	3.11
标准差	0.85	0.93	0.64

可以看出，酒店一线服务人员对关于他们的情绪展现规则的规章制度的评价中，对公司制度的完善性评价的得分最高，3分以下的有对公司制度的科学性评价、先进性评价。这些都说明酒店要完善公司规章制度的科学性和先进性。从表3-1的标准差来看，公司制度的科学性评价以及公司薪酬制度的先进性的评价偏差最大，说明员工在对制度的这两方面的评价还存在一定程度的不认可和分歧。针对上述情况进一步调研，我们了解到：大部分一线服务人员认为制度欠缺的科学性和先进性是由于规章制度中对他们行动举止、言谈语调一直到情绪表达都有太过细微的明文规定，过于强制性和缺乏弹性，一旦做不好就采取惩罚措施而不是做得好进行奖励，引发他们的不满。

（2）薪酬结构了解程度调查（见表3-2）。

表3-2　薪酬结构了解程度调查

薪酬结构了解程度	百分比
非常清楚	6.01%
比较清楚	23.21%
一般	27.03%
不清楚	35.23%
非常不清楚	8.52%

针对服务人员对酒店的薪酬结构的了解程度,从表3-2中看出只有6.01%的员工对自己的薪资构成是十分清楚的,40%以上的员工对薪酬结构并不了解,这说明公司在对于员工的薪资构成方面的信息传达还存在亟待解决的问题。

(3) 薪酬满意度调查(见表3-3)。

表3-3 薪酬满意度调查

薪酬满意度	百分比
非常满意	2.7%
比较满意	26.32%
一般	39.98%
不满意	27.02%
非常不满意	3.98%

只有2.7%的酒店服务人员对薪酬是非常满意的,27.02%和3.98%的员工对薪酬是不满意的,从总体数据来看,服务人员的薪酬迫切需要调整和改进,而如何调整和改进需要进一步分析。

(4) 主管对服务人员情绪关注与支持程度调查(见表3-4)。

表3-4 主管对服务人员情绪关注与支持程度调查

情绪关注与支持程度	百分比
非常关注	9.28%
比较关注	10.23%
一般	21.87%
不关注	45.21%
非常不关注	13.41%

在大部分的一线服务人员看来,主管对于他们的情绪是并不关注的,有这种想法的员工比例高达58.62%,只有约19%的服务人员认为其情绪得到了主管的关注与支持。我们对主管关于这个问题进行进一步访谈却发现很多主管并未意识到这一问题。

3. 酒店人力资源管理体系"情绪劳动"因素缺失问题剖析

(1) 片面关注情绪展现规则。

酒店把"以顾客为中心,以市场为导向"作为企业经营的核心理念,秉承"顾客是亲人,服务是快乐"的服务宗旨,管理模式是用"制度管人"。在岗位设计要求方面,对服务人员的服务内容进行了详细的规定和要求,从行动举止、言谈语调一直到情绪表达都有明文规定的、细致入微的管理规章制度。随着银天大酒店的不断发展壮大,要求越发细致周到,但是单纯靠硬性要求规范员工的情绪表达行为,片面关注员工的情绪表达与工作结果,对员工情绪劳动引发的后果缺乏关注,难免影响员工的心理感受与工作态度。在长时间的情绪劳动状态下,员工的情绪资源和心理能量得不到及时修复,将会导致员工在工作情境之中的反生产绩效行为,严重影响企业的后续工作,导致企业整体的服务质量难以突破长期低水平徘徊的状态。

(2) 漠视员工的情绪需求。

受传统行业文化和官本位思想的影响,一线服务工作岗位具有缺乏安全性、职业发展机会有限、薪酬相对较低等特点,服务在一线的员工处于管理的最底层,毫无地位可言,价值得不到尊重和认可的现象十分普遍。举例来说,当客我发生冲突时,管理者一味地以"顾客满意"为中心,很少顾及员工的内心感受与情绪状态。在缺乏主管支持的情况下,情绪劳动中无论是表层扮演还是深层扮演,都会带来工作满意度的降低以及工作倦怠的增加。没有从根本上满足员工情绪需求的管理,效果只能大打折扣。

(3) 员工情绪调节缺乏组织支持。

酒店对一线员工情绪劳动的后果缺乏认识,自由放任、不管不顾,这是导致其整体服务水平难以有所突破的直接原因。管理者认为员工在服务顾客过程中受点委屈是很正常的事,随着经验的增长会慢慢适应,对情绪劳动引发的员工情绪调节问题极度缺乏关注。员工情绪劳动的后续情绪调节,以自我调节为主,缺乏组织的指导培训与认同支持,进一步加剧了员工工作满意度与敬业度低、流失率高等现象。

(4) "情绪劳动"因素并未纳入人力资源管理体系范畴。

服务行业是一个高情绪密集型的行业。尤其对于包括酒店、餐饮、销售、航空、咨询、公关、影视演员等在内的服务行业来说,情绪劳动的强度相对于制造业的体力劳动和一般科研工作的脑力劳动要大得多。银天大酒店并未根据酒店行业的特点,进行有效的情绪劳动管理,将其纳入人力资源管理各个模块,从上述问卷调查结果也可以看出,没有考虑"情绪劳动因素"的薪酬使得服务人员满意度极其低下。

3.4.3 导入情绪劳动影响的人力资源管理体系的优化

中南大学项目组专家指出:情绪劳动理论的出现,丰富了企业传统人力资源管理的内容,打破了现代人力资源管理中存在的物化倾向,将非物质因素(情绪资本)融入企业的人力资源管理实践之中,使企业管理具备了情感特征。情绪劳动作为人力资本的重要构成部分,其对组织绩效和个体满意度的双重影响决定了其对企业管理的重要意义。因此,对银天大酒店进行有效地人力资源开发和配置,应将情绪劳动的影响纳入人力资源管理体系中,建立一线服务员工情绪劳动管理支持体系,从根本上改善服务人员在情绪劳动中产生的问题。

1. 工作分析环节明确岗位的情绪劳动素质需求

项目组在对酒店一线服务人员进行新的岗位调研的基础上，对原来服务岗位的工作说明书做了如下改进。

（1）明确界定员工的工作时间与私人时间，如在工作休息期有一段私人时间（如 25 分钟）摘下情绪面具，缓解情绪压力，减少情绪劳动负担。

（2）明确制定短期工作轮换的办法，使得服务人员积累的负面情绪能够得到缓解或者消除。

（3）明确服务人员岗位需要具备的情绪劳动者的素质与用人标准（如服务员需要具备监控自己与他人的情绪并识别、利用这些信息指导自己的情绪劳动的能力，需要具备热情、社交、乐观、尽职、克制的人格特质，需要具备积极的情感特质，需要具备希望、韧性的心理资本，需要具备与他人交往、与自我有关、与任务有关的较高的社会技能，需要对服务人员这个角色比较认同）。

（4）制定具体详细的服务人员情绪展现规则（如在遇到态度蛮横、出言不逊的顾客时，仍然要调整内心的情绪，让内心保持愉快，微笑着与顾客进行沟通，积极热情地协商解决问题）、情绪表达的多样性（如跟自己同事或者心理治疗师沟通，找到目前情绪低落的原因与快速有效解决这种状态的办法）、强度、与顾客互动的次数（首先要与发生争吵、丢失物品、主动寻求帮助等情况下的顾客进行互动解决问题；其次要与看见有困难的顾客互动，提供热情服务；最后与遇到情况的同事进行互动，协助其解决问题或者调整情绪）、互动持续的时间（积极热情妥善地解决问题，尽量缩短互动时间）、应对有负面情绪顾客的情绪劳动策略（运用深层扮演的情绪劳动策略）。

2. 招聘环节确立有效甄别高情绪劳动能力员工的流程

在服务业，员工的情绪劳动对企业的经营绩效有其独特的贡献价值，这一特点决定了企业在甄选标准要求的 KSAO（知识、技术、能力和其他特征）中要突出"高情绪劳动能力"的用人标准，降低对知识技能的片面关注。

（1）完善甄选标准。甄选标准通常包括正式教育、经验、身体特征和其他个人特征等几大类。对于银天大酒店一线服务人员，正式教育不用要求过高，但一定要有相关服务经验。酒店需要招聘那些善于观察本人与他人的情绪且能够识别、利用这些信息调控好本人情绪的员工。具有这些特质的服务人员一方面能够熟练运用情绪展现规则，另一方面能够进行有效情绪调节，更多运用深层扮演而不是表层扮演；除此之外，还需着重关注外向的、任务自我效能感高的个性特征。

（2）运用招聘工具。根据高情绪劳动能力的素质要求，企业对员工情绪劳动能力的测量主要体现在心理特质方面。在招聘工具的选用上，采用较多的有霍兰德职业倾向测试、职业性格测试、气质类型或情境作业能力测试等工具。在明确关键岗位需要哪些情绪劳动能力（情绪表达多样性、情绪表达频率、情绪表达强度等）的方法选择上，采用胜任力素质模型卡片这一工具，具体步骤分为：①分析关键岗位的情绪能力素质和要求；②分解每项职能应具备的知识、技能和个性特质要素；③制作各项能力要素的汇总卡片；④通过360°测评方法确定各项能力要素的等级与标准；⑤根据最终确定能力要素的重要程度设计相应的招聘测试工具。

（3）招聘和筛选环节纳入与情绪劳动相关测试。人力资源部尽量通过笔试（如MBTI职业性格测试）、面试（包括常规面试与情境面试），负责招聘的人员在整个笔试和面试设计中，应注意时刻展现和运用情绪劳动的相关情境。运用压力面试以及在情境模拟测试中，测试应聘者在情绪劳动中的深层扮演能力，即是否能通过调节内心感受来展现符合组织规则的情绪，而不仅仅只是"强颜欢笑"。

3. 引导培训员工对情绪展现规则的内化理解和价值融合

引导与培训是组织指导员工熟悉工作环境、完成工作要求的有效措施。酒店对于新入职的服务人员，加强组织文化、工作角色、情绪展现规则等内容的培训，引导服务人员熟悉工作角色所要求的情绪劳动，降低负面情绪效应，重视并内化情绪表现规则，产生角色认同。对于在职服务人员，定期举办多种形式的培训或者聘请专家团队到基层为服务人员提供咨询培训，以指导他们在不同情境下如何调节情绪、产生角色认同，进行符合组织规则的深层扮演，减少其离职倾向。具体如下。

（1）服务人员明确并重视情绪展现规则。根据控制论的作用机理，组织规定的情绪规则是服务人员对导入的情绪感知信息与组织规定的这个标准进行比较，随之产生合适的情绪表现。员工愈在乎情绪展现规则，就会愈努力去做好情绪劳动。另外，潜意识负向影响员工的基本情绪表达，所以通过引导培训使得员工清楚地知道并重视组织的情绪展现规则，培养良好的情绪表达潜意识，以便能按照组织的情绪展现规则进行恰当的情绪劳动。对于个性较强的"九零后"，组织需要运用策略向其植入情绪展现规则。

（2）服务人员产生角色认同。由于角色认同可以正向作用于服务人员的深层扮演，负向作用于员工的表层扮演；员工热情主动地对待顾客可以使员工单调的工作变得充实，可以引起工作-家庭丰富和家庭-工作丰富，避免工作-家庭冲突与家庭-工作冲突，提高生活满意度，降低工作枯竭水平与工作不满度，所以通过培训与专业心理理疗师的答疑解惑，使服务人员对自己的岗位有较强的认同感，从而促进其自发地进行深层扮演的情绪劳动。对于九零后服务人员，组织需要为其制定明确的职业生涯规划与短期的奖励来激发其角色认同。

4. 培训开发环节综合提高员工的情绪劳动能力

员工为了胜任高质量的情绪劳动所需具备的能力包括人际交往、情绪觉察、情绪管理与表达以及冲突管理等方面。研究发现个体的情绪觉察与管理等能力并不像智商那样由先天遗传决定，而在很大程度上是通过后天的学习和发展获得的。因此，通过系统的开发和培训，可以有效提高员工的情绪劳动技能。

（1）开发考试法。

在对服务人员的进修班上，开发多种情境服务模拟训练与组织案例讨论，指导与启发服务人员如何调整内在情绪，做好深层扮演，综合提高服务人员的情绪劳动能力，使得员工展现给顾客的情绪是真实热情的。结束培训前进行情境实战考试，对于合格者给予一定的物质奖励并可回岗继续工作，不合格者继续接受培训。

① 情境服务模拟训练一：微笑训练。虽然员工的微笑程度不能直接影响到顾客的情绪状态，但是员工的真实性微笑可以增加顾客的满意感，员工情绪表达的真实性可以直接影响顾客的情绪状态。这种真实而热情友好的情绪会进行情感传递，显著影响顾客的情绪。所以在情境服务模拟训练中，专家可以对服务人员的微笑进行专项指导训练，使得服务人员掌握快速进入真诚微笑的情绪劳动技能。

② 情境服务模拟训练二：观察并判断顾客情绪。由于在互动的过程中个体情绪的表现取决于交往对象的情绪表现，所以认真观察与准确判断顾客的情绪是能够影响顾客情绪的重要前提条件。在情境服务模拟训练中，服务人员学会如何仔细观察并准确判断顾客情绪，有助于服务人员采取恰当的情绪劳动策略来为顾客服务。

③ 情境服务模拟训练三：服务人员扮演顾客。在情境服务模拟训练中，一组服务人员扮演顾客，另一组服务人员按照专家的指导进入服务人员角色，然后让其进行特定情境互动，以此可以使得服务人员亲身体验深层扮演与表层扮演的区别及对其自身与顾客情绪的影响，从而更深地理解情绪劳动的重要性及如何采取相应的情绪劳动策略。

④ 情境服务考试法。在对服务人员情绪劳动的理论与实践培训结束之后，人力资源部组织每位参与培训的服务人员进行情境实战服务考试，由专家根据每位服务人员真实情境的表现进行打分，以此决定服务人员的培训是否合格。

（2）内部减压和外部减压能力培训。

一线服务人员是具有较强生理与心理双重压力的职业，对他们进行情绪劳动能力与情绪疏导技能的培训，关系到组织员工本身和员工服务对象的双重利益。解决员工情绪劳动后续情绪问题应采取内部减压与外部减压相结合的办法：通过内部减压培训，辅助员工掌握有效的自我情绪疏导方法，提高员工的自我情绪化解能力。通过外部减压培训，企业转变管理职能，为员工提供全方位的组织支持和管理服务，引导员工采取以"深层行为"为主的情绪劳动策略，提高员工的情绪劳动能力。外部减压主要采用"员工帮助计划"（EAP），即基于对组织的诊断和个人的了解，通过专业的心理辅导、教育培训，帮助员工面对工作生活中各种情绪难题、开发潜能，以及保持人的心理健康和完善，提高个体的创新意识、贡献意识、集体意识和团队精神。

（3）客户知识培训。

认知资源在情绪劳动过程中扮演十分重要的角色。实证研究发现，服务人员的客户知识不仅可以将表层扮演的破坏作用转化为积极的力量，还会放大深层扮演的积极作用。因此银天大酒店内在员工培训和开发项目中，注重训练员工如何识别不同类型的顾客及其需求，如何灵活运用多种策略进行有效应对，使员工获得必要的知识、技能储备，增加员工对于工作任务的掌控感，降低工作倦怠发生的风险。

5. 绩效考核环节突出情绪劳动价值贡献的考核标准

酒店突出情绪要素的价值贡献，结合关键岗位的能力素质要求和个体情绪能力素质卡片，将组织的情绪表达要求量化成具体的考核指标，同时兼顾个体在工作中应对负面情绪的管控能力。主要采用 Morris 和 Feldman（1996）的四维情绪劳动理论（情绪表达的频率、对表达规则的注意水平、要求情绪表达的多样性、情绪失调）或 Davies（2002）的六维情绪劳动理论（情绪表现频率、情绪表现多样性、情绪失调程度、情绪强度、情绪努力、情绪表现的持久程度）。在选定合适的测评维度之后，针对具体表现维度的评估可采取记点等级评定法。

具体的考核工作需要注意以下内容。①考核之前企业进行考核指标的测评和培训，征求各利益相关者对考核指标的全面评价，增加员工对考核指标的理解和认同。②考核过程中，采用 360°全面测评的方法，定性与定量相结合，自评与他评相结合，增大顾客满意度测评的权重，保证过程公平公正。具体而言：第一，绩效考评应以服务人员是否表现出组织情绪表现规则所要求的行为作为主要的考评标准，通过顾客（比重占 50 分）、同事（比重占 30 分）、领导（比重占 20 分）三个方面给予综合评估。第二，服务人员每周进行一次考评，请顾客、同事、直属领导进行评分，形成一个分数。第三，人力资源部根据服务人员一个月所有分数的平均值来判定服务人员本月情绪劳动的表现。③考核结果及时与员工进行沟通反馈，作为薪酬激励和情绪劳动管理的依据，并列入个人职业生涯管理体系之中。通过绩效考核传达组织对员工情绪劳动的重视，发挥绩效考核的激励作用。

6. 运用薪酬激励驱动员工情绪劳动的内部动力

情绪劳动的经济价值，决定了服务企业可以通过有效的薪酬管理提高员工的工作满意度，促进员工自发地遵守、认同和内化组织的情绪表达规则，进而增强员工的组织认同和情绪劳动能力。但是实证研究表明，服务绩效奖励也会加剧表层扮演带来的情绪耗竭。这是因为当员工知道自己在服务顾客过程中的优秀表现会得到物质上的奖励时，会更加努力地去进行情绪调节以表现出充分的热情、关切等。即使在自己心情不好或遭遇负情绪事件的时候也是如此。然而受外部动机（物质奖励）驱使的行为可能给个体带来更大的情绪上的压力及冲突，因而产生更强烈的情绪耗竭感。考虑到服务绩效奖励是把双刃剑，片面增加物质激励不一定得到预想的效果，酒店人力资源部门在薪酬激励设计方面做了以下考虑。

(1) 优化薪酬结构,增加"情绪劳动"酬劳。人力资源部将服务人员的奖金项新增"情绪劳动"奖惩项,并根据服务人员当月的情绪劳动平均得分给予其相应的奖惩(如,90 分以上奖励 1 000 元,连续三个月评分在 90 分以上还可以得到 2 000 元的季度奖,连续半年评分在 90 分以上可以得到 5 000 元的半年奖,连续一年评分在 90 分以上可以得到 8 000 元的年终奖,并授予"情绪劳动模范标兵"的光荣称号;80~89 分奖励 500 元;70~79 分奖励 300 元;60~69 分罚款 300 元;60 分以下罚款 500 元,并进行领导谈话;连续三个月被罚款则需停职到"服务人员进修班"进行培训学习;连续三次因为罚款而进行培训学习者需进行换岗处理)。情绪劳动的影响具有时效性,因此酒店的激励措施要迅速高效,员工的情绪劳动表现优秀时,及时给予物质和精神奖励。

(2) 运用非物质激励。通过改善员工福利、带薪休假和提供发展机会等方式,使员工因长期情绪劳动而耗费的身心资源能够得到有效补充,降低情绪劳动给员工带来的消极后果,提高员工从事高质量情绪劳动的积极性。根据资源保持理论,人们总是努力获取和保存有价值的资源,并使资源损失最小化,以达到资源的平衡。个体付出努力会导致资源损失,而获得回报又可以实现资源的有效补充。如果员工获得了福利、休假等形式的回报,资源损耗得到了及时补充,他们将继续做出适当的情绪行为,这不仅能对组织具有积极的影响,员工自身也不会出现消极的工作和心理后果,从而形成一种良性的循环。

3.4.4 构建组织保障与支持管理系统

不断累积的情绪劳动负荷引起服务人员的情绪失调与情绪耗竭,给服务人员带来职业压力、身心问题,给顾客带来满意度较低的居住体验,给酒店带来较高的招聘与培训成本,针对这一点项目组设计一套科学合理的保障与支持管理系统,以辅助人力资源管理中有关情绪劳动的强化管理与突出情绪劳动价值的文化体系构建,从而保障员工的情绪劳动负荷问题能够得到有效解决。

1. 组织公平支持

酒店对每位服务人员的尊重程度、福利待遇、晋升机会、工具性支持、家庭生活支持等皆为公平公正、公开透明的,以此凝聚人心,营造积极的团队情绪劳动氛围,形成情绪劳动的组织氛围支持。对于情绪劳动付出较多的岗位与服务人员个人给予及时的物质奖励与精神奖励,以激发其更加灵活应用情绪劳动策略与积极努力地付出情绪劳动,从而提高顾客的满意度。同时,每一个季度组织一次情绪劳动表彰与分享大会,除了奖励那些在情绪劳动方面做出较大贡献的团队与服务人员个人以外,也是给予其他服务人员团队一个学习的机会与努力改进的方向。组织公平观可以使正面的情绪分享与团队情绪感染发挥作用,影响组织成员的态度与行为,使每一位服务人员都能自愿主动地付出情绪劳动。

2. 角色认同支持

组织尊重与认可服务人员这个角色，通过提升服务人员的福利待遇、为其提供工具性支持、家庭生活支持以提高服务人员的社会地位，对于服务人员付出的情绪劳动能够认可并及时正向激励，以使得每一位服务人员都能感受到作为一名服务人员是何等的光荣，感受到作为组织中的一员是何等的幸福，以此满足服务人员的被尊重需求。当服务人员在工作岗位遇到横行霸道的顾客或者流氓顾客时，主管应该通过合理方式解决而不是一味地怪罪于服务员，树立一个尊重服务人员的风气，以此来激励服务人员努力工作，积极付出情绪劳动，爱惜服务人员这个岗位，为顾客提供一个更加贴心温暖的服务，使顾客能够满意舒心。

3. 工具性支持

组织聘请专家为服务人员提供定期的心理咨询服务，帮助那些工作、生活中遇到心理问题而无法解决或者情绪耗竭比较严重的服务人员；组织建立畅通的内部沟通渠道（如内部网设立民主论坛，公开领导信箱、微信、QQ，领导定期在线与服务人员进行在线互动，建立服务人员微信群等），使得服务人员可以与领导直接沟通，及时反映问题并解决问题，降低员工的情绪压力；定期组织服务人员进行情绪劳动培训、业务技能培训等，为服务人员的有效情绪劳动提供一个组织支持。

4. 家庭生活支持

酒店定期安排服务人员家庭集体旅游，增进同事、家人之间的感情；为单身员工举办联谊活动，帮助其解决单身问题；组织设立一些兴趣爱好社团，如摄影协会、车队穿越协会等，为九零后员工提供其个性展示的机会与爱好培养发展的机会。就服务员而言，组织若能通过集体旅游、联谊活动、兴趣社团等使得其尽量少思考工作相关的事情，摆脱工作带来的倦怠感、不良情绪，及时放松，则更容易获得幸福感，从而使得其再次投入工作时，能够更加积极主动、有效地付出情绪劳动。

3.4.5 案例解析

随着服务业的日益重要和服务从业人员的日益扩大，"情绪劳动"理应更加受到重视。本案例中的银天大酒店是一个五星级的高端涉外酒店，自然也是涉及"情绪劳动"较多的服务型企业。我们在调研分析该酒店的人力资源管理问题时，发现该酒店诸多人力资源缺陷都源自对"情绪劳动"的忽视，在专家组和酒店高层管理团队的共同努力下，将"情绪劳动"纳入与"脑力劳动"和"体力劳动"相同的地位，进行综合评估，由此优化设计的人力资源管理操作方案带来了非常好的效果，本案例是一次初步尝试，但对众多的服务型企业具有很好的借鉴意义。

评价： 本案例基于对酒店员工调研和相关职位的全面工作分析，将"情绪劳动"纳入工作分析、招聘、培训开发、薪酬、绩效考核等人力资源管理全过程，对企业人力资源管理体系进行了优化设计。方案实施后，员工满意度大大提高，员工离职倾向由原来的29%降低到现在的5.1%，说明情绪劳动对服务产业的影响不容忽视，建议餐饮、销售、航空、咨询、公关、影视及政府公共服务部门等行业企业重新审视其人力资源管理体系，酌情考虑"情绪劳动"在其中的作用和影响，从基础面上完善人力资源管理体系，提高组织和人员绩效。

使用说明： 本案例是基于一个探索型的应用项目资料，也是一个实用性很强的操作型案例。毕竟"情绪劳动"的概念导入国内时间很短，在国内企业中的直接应用更是罕见，也许这就是国内第一个关于此类问题的案例，其局限性可想而知。我们在做项目和案例时，几乎找不到相关的实务资料，只能凭我们对"情绪劳动"的理解和对企业的实际调查进行项目设计和案例解析，但这也是本案例的重要价值所在，希望能引起更多的关注和参与。同时，本案例是针对一个酒店企业进行的，如果是面对其他行业具有较多"情绪劳动"的企业时，千万不可忽视其行业特点和企业特征，也许本案例中的一些思路和方法就会失效，特此说明。

案例研讨：

1. 除了服务行业，你认为考虑"情绪劳动"对于其他的行业有帮助吗？如果有，试阐述具体操作方法。

2. 你认为将"情绪劳动"纳入人力资源管理体系还有哪些注意事项是我们的方案中没有考虑到的？

第4章 有限合伙制机制设计

依据契约理论，人力资本拥有者和物力资本拥有者的契约机制设计构成现代企业法人治理机制的基础，也是企业人力资源管理顶层机制的源头。法人治理理论、公司博弈论都从不同角度研究和解析企业投资者及经理层的合作和冲突问题，这是企业人力资源管理的永恒热点，也是难点问题。从近几年中国私募基金（Private Equity, PE）快速发展引入的有限合伙制中，我们窥探到企业人力资源这一顶层机制设计问题的新视角，认为有限合伙制可能不仅适合于私募基金、风险投资的人资合作有效机制构建，也可以用于解决其他企业，尤其是对人才和技术要求高的企业的有效人资合作机制设计问题。

4.1 有限合伙相关概念及特征

4.1.1 有限合伙概念

有限合伙的前身为11世纪晚期的"康孟达契约"（Commenda），后逐渐发展成为美国、日本等国家风险投资的主要法律组织形式。我国《合伙企业法》在2006年8月27日修订后，将有限合伙（Limited Partnership）制度纳入合伙企业法律制度框架。有限合伙是指两人或两人以上中至少一人作为普通合伙人、至少一人作为有限合伙人而组成的合伙。有限合伙人（Limited Partner，LP）以其对企业的出资为限承担责任，普通合伙人（General Partner，GP）以其自身财产对企业承担无限责任。在权限上，普通合伙人代表合伙企业，以有限合伙名义负责企业的日常经营，他们除收取管理费外，还依据有限合伙的合同享受一定比例的利润。有限合伙人一般不负责对企业进行经营管理，但法律上会为其规定特定的权利，以帮助其在企业中更好地维护自身利益[①]。所有权与经营权的高度分离是有限合伙区别于普通合伙、有限责任企业等其他

---

① 武康平，倪宣明. 私募基金为何偏好有限合伙制？——基于委托代理理论的分析[J]. 当代经济研究，2014（12）.

类型非公司企业的显著特征[①]。有限合伙制在普通合伙制人合性质的基础上加入了资合性质，具有人资兼合性的优势。

4.1.2 有限合伙制特征

1. 良好的激励和约束机制

责任与资产的分离，区分了普通合伙人和有限合伙人的权利以及义务。有限合伙人负责绝大部分的出资并获得大部分的投资收益，但只对自身投资负有限责任。而普通合伙人以至少1%的出资对合伙债务承担无限的责任。这样做使得普通合伙人的利益与企业的利益紧密结合在一起，可以很好地遏制普通合伙人的道德风险倾向。

2. 以协议为基础

有限合伙具有强烈的契约性质，由普通合伙人和有限合伙人之间经过平等、自愿协商达成合伙协议。区别于公司，有限合伙企业组织结构简单，且法律对其的强制性规定很少，因此合伙协议必不可少，有限合伙建立在合伙人之间自由谈判签订的合伙协议的基础上。

3. 资本和人力资本紧密结合

资本的拥有者希望其闲置资本能够得到增值，但可能并不具备所必需的专业知识、经营管理能力等，于是他们选择将资金交给那些经验丰富，对行业发展、市场走向具有独到见解和经营能力的人进行管理，有限合伙制为资本拥有者和以知识技能为特征的人力资本拥有者提供了合作机制，使资本和知识得以更好地融合。

4. 避免双重纳税

有限合伙制企业，其企业本身无须缴纳企业所得税，只须按照合伙人的投资收益缴纳个人所得税，避免了双重纳税。这一方面可以吸引投资者投资，另一方面可以帮企业减轻沉重的赋税负担。

---

① Larry E. Ribstein. The Rise of the Uncorporation [M]. New York：Oxford University Press，2010.

4.2 普通合伙人的激励与约束机制

4.2.1 普通合伙人激励机制

有限合伙契约中独特的内置化激励机制，有效地作用于普通合伙人的代理行为，成功实现了资本专业、高效、安全地运作。有限合伙契约激励机制主要包括报酬激励和声誉激励两个方面。

1. 报酬激励

普通合伙人的素质和努力，即人力资本的质量水准是有限合伙制企业或基金经营成功的关键，如何制定有效的报酬体系以激发普通合伙人的投资潜质和努力程度显得尤为重要。它能有效地降低由于信息不对称带来的有限合伙人的利益损失。有限合伙人为了实现其资本最大化增值，需要以固定报酬和依据收益提成的变动报酬相结合的报酬结构来实现对代理人的有效激励。普通合伙人的收入除了每年收取相当于资金总额2%~3%的管理费作为固定性成本补偿外，还包括对投资收益按一定比例（通常是20%左右）提取变动报酬。

2. 声誉激励

有限合伙契约机制通过基金寿命的有限期设计和有限期合作过程的多阶段处理，运用声誉效应实现对普通合伙人较低的激励成本。普通合伙人的投资记录和信誉对其日后融资能否顺利进行至关重要，普通合伙人为了在后续融资过程中尽可能降低筹资成本，减小筹资难度，必须在前一个合伙期限内努力工作，实现较高的投资回报率来获得良好的信誉，在客观上构成了对普通合伙人的有效激励。

4.2.2 普通合伙人约束机制

为解决普通合伙人的道德风险，实践中有限合伙人通过在合伙协议中设定限制性条款对普通合伙人的行为进行约束和限制[1]，对双方偏离合伙企业运作目标的行为加以约束，以降低投资者资金的风险水平，通过减少代理风险成本来保障高额回报的实现。常见的对普通合伙人的约束条款如下所述。

---

[1] 甘培忠，李科珍. 论风险投资有限合伙人"执行合伙事务"行为暨权力之边界[J]. 法学评论，2012 (2).

1. 分期注资的约束

有限合伙机构的生命周期是固定的,通常会预先约定有限合伙人不一次性注入全部承诺的资金,只提供必要的机构运营经费,在约定的经营业绩目标达成后,有限合伙人才按照约定条件分步注入资金,由此,普通合伙人必须依靠自己的努力经营和业绩成果得以获取有限合伙人约定的后期资金投入,这常常是有限合伙机构创立早期对普通合伙人十分有效的内在行为约束机制。

2. 投入精力的约束

大多数有限合伙合同明确规定普通合伙人要投入该合伙企业的时间百分比,对普通合伙人投资其他活动进行限制,以防止普通合伙人被其他事务分散注意力,无法全身心投入到管理事务中。

3. 投资比例的约束

迫使普通合伙人投入高于传统比例的资本金,这样可以通过增加投资失败带给普通合伙人的损失来降低普通合伙人管理失败的风险。

4.3 有限合伙人的风险防范和利益保护机制

为了保护有限合伙人的权益,有效解决信息不对称及委托代理问题,法规政策和合伙合同等都提出了对有限合伙人的保护条款,主要有以下几点。

1. 有限合伙人"安全港"制度

有限合伙人仅以其出资额为限承担有限责任,原则上不得参与合伙企业管理事务,但事实上尽管有限合伙人并不希望纠缠于合伙企业的日常管理,他们仍要求在享受有限责任保护的同时对合伙事务拥有一定的发言权。例如,经全体合伙人协商一致,可组建咨询委员会(Advisory Board),有限合伙人得以通过咨询委员会对某些合伙事务提出建议[1]。《合伙企业法》第68条第2款还专门规定了有限合伙人能够参与且不会因此受到连带责任追究的合伙事务,包括:参与决定普通合伙人入伙、退伙;对企业的经营和管理提出建议;在有限合伙企业中的利益受到侵害时,向有责任的合伙人主张权利或者提起诉讼;等等。学者们称之为"安全港"制度。

---

[1] Joseph A. McCathery, Theo Raaijmakes, Erik P. M. Vermeulen. The Governance of Close Corporations and Partnership: US and European Perspective [M]. New York: Oxford University Press, 2004.

2. 有限合伙人知情权和监督权

有限合伙人的知情权体现在两方面：一是有限合伙人有权查阅并获取与基金运营相关的投资记录、财务和业务方面的信息；二是普通合伙人需定期向有限合伙人报告基金的经营、投资情况。此外，有限合伙人还享有对普通合伙人的监督权，以防止自身权利受损①。我国《合伙企业法》对有限合伙人的监督权进行了规定："不执行合伙事务的合伙人有权监督执行事务合伙人执行合伙事务的情况。"当有限合伙人发现其投资收益因管理人的行为而受到损害时，还可以行使司法上的保护请求权。

3. 有限合伙人可分期注资

前文介绍普通合伙人约束机制时提到的有限合伙人分期注资对普通合伙人是约束，但对于有限合伙人来说就是保护机制。有限合伙人可依承诺制分阶段对合伙企业注入资金，可以促使普通合伙人加强经营管理，限制其做出对有限合伙人利益有损的行为，以降低有限合伙人的投资风险。

4.4　典型案例一：金天私募基金管理公司私募基金合伙机制设计

4.4.1　金天私募基金管理公司概况

私募基金是指通过非公开方式募集资金向具有高增长潜力的创业企业进行股权投资，并通过管理服务参与所投资企业的创业过程，以期在所投资企业相对成熟后通过股权转让实现高资本增值收益的投资资本。

金天私募基金管理公司成立于2009年，是一家专业从事投资理财服务的私募基金管理公司，公司注册地及主要经营机构设立在湖南长沙，是目前国内为数不多的投资股票市场兼顾期货等金融衍生品市场的新型私募基金管理公司。公司秉持着做中国一流的基金管理公司的理念，规划2020年实现基金管理规模达到10亿元人民币以上，年平均收益率跻身中国阳光私募基金前20强。公司自2009年成立以来，主要以自有资金与自行募集的资金投资股票市场及期货等金融衍生品市场，追求绝对收益，发行的产品主要以不承诺固定收益的非结构化产品为主，目前管理资产规模还在亿元以下。公司由一支受过高等教育，有精深专业学识储备又兼具丰富市场实践经验的专业人士组成，目前总人数78人，关键职位人员配备处于业内中游水

---

① 刘晓纯，张潇. 风险投资机构中普通合伙人激励机制创新研究［J］. 中央财经大学学报，2012（6）.

平，能满足公司未来几年的发展需求。公司组织结构如图 4.1 所示，除职能部门外，还有两个非常设机构：投资决策委员会与风险管理委员会，作为投资与风险管理的最高权力机构。

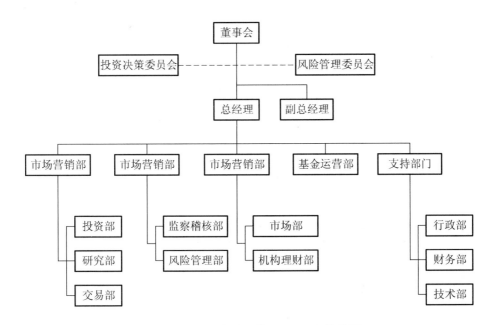

图 4.1　金天私募基金管理公司组织结构图

4.4.2　金天私募基金项目机制设计

本项目计划采取"有限合伙＋信托"的模式募集资金，金天私募基金管理公司作为普通合伙人负责投资交易事宜，南方信托公司作为有限合伙人负责募集资金，金天私募基金管理公司与南方信托公司共同组成　个有限合伙企业，金天私募基金管理公司委托由人力资源管理和法人治理专家一起组成的专家团队设计了该有限合伙制私募基金项目运行机制，见表 4-1。

表 4-1　项目机制构建概况

项目名称	有限合伙私募基金项目
项目目的	金天私募基金管理公司通过有限合伙私募基金项目实现阳光化发展
项目主要内容	金天私募基金管理公司与信托公司合作成立有限合伙企业，南方信托公司作为唯一有限合伙人负责募集资金，个人或企业通过南方信托公司购买本项目基金份额。金天私募基金管理公司作为合伙企业的普通合伙人负责基金的投资管理，利用股票、期货、期权、套利等多种金融工具进行灵活投资，以获得较高投资收益，从而扩大基金管理规模，加速发展

续表

项目指导	金天私募基金管理公司董事长
项目负责人	金天私募基金管理公司总经理
项目成员	金天私募基金管理公司投研、风控、市场等各部门骨干
项目基金规模	计划首期项目基金规模1亿元人民币；第二、三期项目基金规模合计5亿元人民币
项目预期收益率	按公司以往产品收益率水平，本项目预期年化收益率为30%～50%
项目收费与分配方式	项目收取2%的管理费，1%的申购赎回费（此费用由南方信托公司收取）。项目投资收益5%以上部分，金天私募基金管理公司获取全部投资收益的20%，投资人获取全部投资收益的80%。金天私募基金管理公司将自身获取收益的20%分予南方信托公司，即全部投资收益的4%
项目筹备时间	2016年1月—2016年12月
项目运营时间	2017年1月—2018年12月

4.4.3 项目运行保障机制

为保障基金项目顺利运行，除了从宏观层面构建项目机制外，还要设计运行保障机制，即对私募基金项目运作实施的关键方面进行规定，包括项目基金经理激励及约束机制、有限合伙人的保护机制等。

1. 基金经理激励机制

基金经理是基金公司的灵魂。为激发基金经理的工作积极性，确保基金项目的顺利开展，本项目设立了基金经理激励机制。

优秀的考核制度，能有效激励员工上进，惩戒后进，对激发员工积极性与创造力至关重要。我们秉持"业绩比规模更重要"的总原则，重点研究本项目考核制度中基金经理的薪酬制度。与公募基金相比，私募基金规模相对小，仅凭管理费很难生存，所以私募更看重业绩。私募的主要收益来自所管理基金产品投资收益的20%提成，这决定了私募基金经理的薪酬主要也以业绩为主。

在具体设计时，基金经理的薪酬构成与其他行业不同，较为复杂，既要考虑到基金经理的短期激励，又要考虑到中长期激励；既要考虑到基金经理的个人利益，又要考虑到如何将基金经理的利益与基金管理公司、与基金份额持有人的利益挂钩，以实现三方多赢的局面。本项目基金经理的薪酬制度就是在综合考虑多种因素情况下，结合行业惯例与水平制定而成的。

本项目基金经理的薪酬主要以基本年薪、年终奖、持基激励及持股激励构成，薪酬水平处于行业中上位置。基本年薪是主要依据任职资历及过往业绩表现给予的基本工作报酬，占比50%，属固定薪资部分；年终奖主要根据项目基金经理的业绩表现确定，一般以现金形式发放，占比30%；持基激励及持股激励主要是对项目基金经理的中长期激励，是对业绩优异的基金经理的一种奖励，分别占比15%和5%。这种激励使基金经理与基金公司休戚与共，充分调动其归属感与积极性，有利于基金业绩提升。具体见图4.2与表4-2。

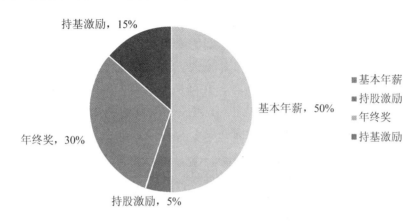

图 4.2　项目基金经理薪酬构成比例

表 4-2　项目基金经理薪酬构成说明

薪酬构成	具体内容
基本年薪	本项目基金经理的基本年薪按行业同类公司中位数制定，属固定薪资
年终奖（现金）	奖励金额由项目基金经理管理产品的绝对正收益决定，并按绝对正收益高低实行阶梯提成，提成比例处于行业中上水平；按行业惯例，70%在当年发放，30%在次年发放。浮动薪资部分，属短期激励
持基激励	本项目根据基金经理购买自身管理的基金份额，使用自有基金按1∶1的比例投资持有相应的基金份额，并将这些份额的投资收益划归基金经理所有。在一定程度上加强了基金经理利益和基金业绩的挂钩，增强了其提升业绩的动力。浮动薪资部分，属中长期激励
持股激励	本项目对核心基金经理实行股权激励，使核心基金经理能按持股比例分享公司盈利。这能有效增强基金经理的归属感与积极性，有利于其创造更优异的投资业绩。浮动薪资部分，属中长期激励

总之，短期与中长期激励相结合的薪酬结构，既能即时奖励基金经理当年的优异业绩，又能将其与基金持有人长期利益有效绑定，促使基金经理更加潜心研究，把精力集中在构建投资组合等核心工作上，避免为获取短期超额收益，轻易介入过高风险的短期机会而使基金份额持有人承担额外风险。

另外，对基金经理的评价与考核，除了依据基金业绩这个定量指标外，还会进行更为全面的考察，例如：团队协作、管理基金的复杂程度、投研突出贡献等定性指标。本项目每年还会从公司盈余提取一定比例金额形成特别奖金池，用以奖励不在上述基金经理薪酬计划内的卓越贡献。

2. 基金经理约束机制

（1）与私募基金管理有关的约束机制。

① 对投资种类和单个投资项目投资总额的限制。

本项目投资范围较广泛，自主性相对较大。主要投资于依法发行或上市的股票、衍生工具（期货、期权等），小部分债券，并可采用套利策略提升项目收益。但为防止基金经理过度冒险，本项目规定，投资于任何一个项目的资本总额不得超过基金总资产的50%。本项目资产配置对象及比例见表4-3。

表4-3 本项目资产配置对象及比例

投资主要标的	占基金资产的比例
股票	30%～50%
期货、期权	40%～50%
债权	0～20%
套利	0～10%

② 对关联性投资和对投资收益进行再投资的限制。

当私募基金经理成为两个以上的私募基金有限合伙的普通合伙人时，就有可能通过关联性投资而做出机会主义行为，从而损害其管理的某一个私募基金投资者的利益。此外，私募基金经理为了获取更高的管理费用和业绩报酬，往往倾向于将投资收益进行再投资，而不是将已经实现的投资收益及时分配给有限合伙人和普通合伙人。因此，本项目规定，在进行关联性投资和对投资收益进行再投资之前，都必须经过有限合伙的投资决策委员会的批准，以形成对基金经理的行为约束。

（2）与基金经理行为有关的约束机制。

① 对私募基金经理出售其在有限合伙投资组合中的权益的限制。

私募基金经理一般只能在私募基金投资者收回全部投资额及约定的收益后才能参与资本收益的分配，其在有限合伙投资组合中的权益要得以实现，必须等待很长时间。其一旦将所持有权益出售，基金经理管理该投资项目的内在动力就有可能极速弱化。因此，本项目规定，除了经过占总数3/4的有限合伙人批准，否则禁止基金经理出售其权益。

② 对私募基金经理募集新的基金、设立新的私募基金有限合伙的限制。

募集新的基金、设立新的私募基金有限合伙会增加私募基金经理的管理费收入和业绩报酬收入，但人的精力和时间是有限的，这样做会减少他们对现有有限合伙的关注程度，因此，本项目合同规定，禁止普通合伙人在本基金存续期（暂定为 2 年）内募集设立新的私募基金机构。

③ 对私募基金经理投资以外其他活动的限制。

由于外部活动也减少基金经理对私募基金的关注，基金经理应当全身心投入到私募基金的运作中去，本项目限制其从事与基金运作无关的事情。这种限制在项目开展的第一年内或基金总额的 80% 被投资出去之前有效，因为这段时间对于私募基金经理的精力集中的要求程度是最高的。

3. 有限合伙人的保护机制

有限合伙人的出资占有限合伙制私募股权基金资本的绝大部分，其无疑是基金的"水之源、木之本"。离开有限合伙人的注资，私募基金的募集将无从谈起。保护有限合伙人的权利对保证基金的顺利募集和降低代理成本有重要意义，能有效促进有限合伙制私募基金的健康发展，因此，本项目为多方位保障有限合伙人的利益，设计了以下机构和制度。

(1) 设立专门的投资决策委员会。

投资决策委员会均由有限合伙人组成，由于投资人不能对基金的日常经营管理发表自己的意见和建议，委员会的设立可以对基金经理的投资活动实行必要的监视，对其形成有效的约束，以保护自身权益。投资决策委员会的职责包括但不限于针对违反忠实勤勉义务的相关事项进行投票表决，并赋予基金经理充分的申述辩论权利。委员会还可以向普通合伙人提出关于基金管理和执行中主要问题的建议。任何有限合伙人都可以要求将某一事项交由投资决策委员会讨论决议，并提供相关的证据。除此之外，委员会每年必须至少要召开两次会议。

(2) 信息披露制度。

为保障有限合伙人的知情权和监督权，本项目开展过程中将严格遵守信息披露制度，本着信息披露要体现公开、公平、公正的原则，真实、准确、完整、及时地披露信息，需要披露的信息包括基本信息、投资信息、募集期限、估值政策、最近三年的诚信情况说明等。基金运行期间，基金管理人需要至少每季度向投资者披露一次报告，对于季度报告，要求在每季度结束之日起 10 个工作日以内向投资者披露基金净值、主要财务指标以及投资组合情况等信息。对于年度披露，要求在每年结束之日起 4 个月以内向投资者披露报告期末基金净值和基金份额总额、基金的财务情况、基金投资运作情况和运用杠杆情况、投资者账户信息、投资收益分配和损失承担情况、基金管理人取得的管理费和业绩报酬、基金合同约定的其他信息等。

(3) 内控制度。

为防范与化解风险，保障公司与投资人的利益，在借鉴国际先进风险管理经验基础上，本项目制定了详尽的内部控制制度。

① 项目内部控制目标。

项目的内部控制目标分别是：保证项目的经营合法合规；防范与化解风险，确保项目运作与资产安全；确保项目的财务和其他信息真实、准确、完整、及时；确保项目决策科学、管理高效与健康发展。

② 项目内部控制原则。

本项目的内部控制秉持以下几点原则。

A. 健全性原则：内部控制应包括项目各项业务和各级人员，并贯穿于各个环节。

B. 有效性原则：通过科学手段、建立合理程序，维护项目内控制度的有效执行。

C. 独立性原则：项目各部门职责独立，不同的资产分开运作。

D. 相互制约原则：项目部门和岗位的设置应当权责分明、相互制衡。

E. 成本效益原则：项目应以合理的控制成本达成最佳的内部控制效果。

③ 项目内部控制层次（见表4-4）。

表4-4 项目内部控制层次

董事会	对项目建立内部控制系统和维持其有效性承担最终责任
投资决策委员会	项目投资管理的最高决策机构
风险控制委员会	项目风险管理的最高决策机构
督察长	对项目各项制度及业务的合法合规性进行监察、稽核
监察稽核部	具体负责项目各项制度及业务合规性的监察稽核工作
业务部门	项目部门负责人为所在部门的风险控制第一责任人
岗位员工	项目员工负责岗位职责范围内的内控责任

④ 项目投资管理流程。

本项目参照国际先进投资理念与行业优秀经验，对投资流程进行团队式管理。项目投研精英，分工明确，各司其职，可有效控制投资风险。同时，借助团队力量，也有利于创造良好的投资业绩。项目投资管理流程中的对象及职责见表4-5。

表4-5 项目投资管理流程中的对象及职责

对象	职责
投资决策委员会	负责宏观投资决策和投资监督的最高决策机构
首席投资总监	负责资产配置小组的日常管理
基金经理	制定投资策略，负责投资组合的日常管理
高级宏观研究员	侧重于宏观经济研究及债券研究
数量化工程师	关注量化研究，负责证券估值及预期收益率预测
股票行业研究员	着重评估上市公司数据质量及可靠度

续表

对　　象	职　　责
期货、期权研究员	负责商品基本面、权证定价及 CPI 等研究
债券研究员	负责研究宏观经济，给债券定价
交易部	依据投资指令制定交易策略，统一执行投资交易计划
风险管理委员会	负责拟定投资风险管理的策略、制度及控制措施等
风险专员	定期或不定期对基金进行风险评估，并提供报告

4.4.4　案例解析

有限合伙制是近年在我国广泛流行的一种企业制度模式，从本质上看，它是一种典型的人力资本和物力资本融合制度，真正在企业制度层面确立了人力资本的"资本"地位，并赋予其相应的价值和权利。我们认为对该类企业的制度的深度分析和理解应该是人力资源管理领域的重要理论和实务课题，具有重要的理论和现实意义，这是撰写本案例的重要动因。本案例来自我提供人力资源管理服务的一个私募基金公司，该公司虽成立未满十年，但公司整体运营状况良好，此次金天私募基金公司旨在通过有限合伙私募基金的模式实现阳光化发展的目标。公司总经理找到了我们，聘请我的团队作为其顾问团队，为此项基金进行机制设计。私募股权投资市场因存在高风险、高收益的特点而备受众多投资者的青睐。有限合伙私募基金中，普通合伙人虽然要冒着承担无限责任的风险，但是却可以通过投资收取高额回报，其合理的机制设计是基金健康运行的基本保障，处于十分重要的位置。机制设计的核心就是，如何有效激励普通合伙人的同时赋予其有效的约束，如何保护有限合伙人权益的同时有效约束其过度干预，这实质上都是人力资源管理的激励和约束机制设计问题，但其精密性和度的把握是真正的难点所在。本案例较好地体现了上述设计理念，请读者们仔细体悟。

评价： 由于国内尚未见到人力资源管理视角的私募基金约束和激励方面的案例，我们在此比较详细地呈现了有限合伙制私募基金激励和约束机制的全部设计过程，旨在为读者展示全方位的有限合伙制根本利益机制设计的各个维度和具体内容。有限合伙私募基金的内部治理的关键在于确保权利义务的平衡，从合伙制的理想设计要求看，有限合伙人与普通合伙人分别以投资人和管理人的身份承担各自的职责。投资人出资，管理人出力，充分利用投资人资金充足的优势，发挥优秀管理人员的资金操作能力，实现物力资本和人力资本的最有效组合。但是无论是普通合伙人还是有限合伙人都不甘于原本的法律地位，导致有限合伙的内部治理出现异化，防止异化是我们本方案设计的主要目标。在本案例中，我们依据国家立法的监管规制设计了灵活、高效的合伙基金内部治理结构，建立了有效的激励和约束机制，以提高投资主体双方的积极性和规范性,构建了有效的内控制度,以增强基金管理的流程化和制度化,案例具有很好的代表性和借鉴价值。

使用说明: 本方案主要体现在制度层面设计,而有限合伙私募基金实际运行中仍会出现难以预料且纷繁复杂的各类问题。特别是对基金投资者而言,由于其在基金运行过程中所能获得的信息非常有限,在很大程度上只能依赖基金管理者的管理能力和职业道德素养,容易出现逆向选择和道德风险。除了在制度层面上进行刚性约束外,还应当采取其他具体有效措施。比如,在不损害第三人的情况下,更加细化合伙协议,在有限合伙协议里精确地对各种权利和责任加以安排,在有限合伙私募盛行的美国,合伙企业的协议往往都制定成一份数百页的巨型章程。从私募基金长远的发展看,公司还应对基金管理人的道德、信用和能力做出充分调查,同基金管理人建立深厚的信任基础。

案例研讨:

1. 比较合伙制、有限责任制、股份有限制和有限合伙制企业制度的差异和特征,并讨论有限合伙制应用于私募基金的利弊,有限合伙制还可以应用到其他类型公司吗?

2. 根据本案例列出的内容,讨论方案中存在的不足和风险点,并提出完善建议。

3. 从宏观环境及文化背景差异的角度,比较分析中国和美国有限合伙制设计中可能存在的差异。

4.5 典型案例二:深思电气公司海外项目合伙方案设计
——基于内部创业合伙模式

有限合伙制能够实现人力和物力资本的有效合作,而当前盛行的合伙模式中,内部创业合伙模式也能实现这一功能。Pincho 于 1985 年提出了在大的、已建立的组织内进行创业的理论,即众所周知的内创业理论[①]。自其提出以后,学术界开始对这一概念及企业活动展开了广泛的关注,引发了强烈的研究热潮。Jennin 和 Young(1990)都将内创业界定为利用现存组织内的创业资源或雇员进行的新业务建立活动[②]。内部创业是存在于现存的特定企业内,个体或团体间进行创新活动的过程。而内部创业合伙则是指在现有组织中,为改进组织的获利能力或提高公司的竞争地位,整合新资源,形成企业与内部创业者或创业团队的合伙模式,从而发展新事业、创造新机会。

---

① Pinchott G Ⅲ. Intrapreneuring [M]. New York:Harper&Row,1985.
② Jennings D F, Young D M. An Empirical Comparison Between Objective and Subjective Measures of the Product Novation Domain of Corporate of Entrepreneurship [J]. Entrepreneurship:Theory and Practice,1990,15(1).

4.5.1 公司概况

深思电气公司始创于 1987 年，至今已有 32 年的经营历史，该公司是一家专业研发、制造和销售中高档开关、插座、照明设备、断路器等建筑电气产品的高科技集团企业，是中南地区最大的以生产电气附件为主的高科技企业集团之一，也是湖南省电工产业的龙头企业，同时也是国内成立时间最早、产值最大的电工企业之一。旗下拥有深思电工、深思照明、深思电器三家全资子公司，产品涉足电工产品、建筑电器、照明、小型家用电器等领域，同时生产断路器、节能灯、吸顶灯、支架灯、筒灯、移动插座、浴霸等相关多元化产品，产品主要以家用开关、插座为主。

深思电气公司自 2002 年实行股份制改革以来，每年保持高速增长，公司现拥有国内最大的电工产业工业园之一。作为电工行业中档品牌的代表者，深思电工产品产销量均处于国内领先阵营，被誉为电工行业"单品王"，国内销量连年翻番，深思电气公司的海外销售也蒸蒸日上。作为湖南省的产业龙头，在注重自身发展的同时，公司也带动了整个湖南电工产业群产值的迅猛提升，进入 21 世纪，湖南电工产业群一跃成为全国三大电工产业基地之一。

在人员结构方面，公司的高管人员中初级职称/本科学历的约占 43%，中级职称/硕士学历及以上的约占 21%，大专学历的约占 36%。研发人员中以初级职称/本科学历的居多，约占 33%；其次是大专学历，约占 25%；而中级职称/硕士学历及以上的约占 17%。在公司整体人员结构中，以初中学历居多，其次是高中及大专学历。

4.5.2 内部创业合伙背景和理念

1. 内部创业合伙背景

（1）新团队、新产品、新市场，打造内部事业共同体。

公司基于海外拓展现状及必要性和可行性分析，提出了深思电气公司的海外项目。深思电气公司海外项目是基于公司产品与品牌海外运营新成立的业务单元体，将面对的是新的团队、新的产品和新的市场。为了给项目及团队更大及更有力的支持与激励，实现业绩的快速增长，同时保持团队的持续战斗力，公司采用内部创业合伙模式，由深思电气公司与创业合伙人及团队一起，共同经营海外市场，共同分享经营所得，共同分担经营风险与责任，为共同的事业发展一起努力。

（2）共创、共享、共担、共赢，形成命运共同体。

通过共同创立、共同经营、共同承担、共同分享，形成公司利益和员工的利益、公司发展与个人发展紧密捆绑，公司与长期共同参与创业的合伙人分享公司成长收益，为持续发展提供源源不断的动力。

2. 内部创业合伙人理念

深思电气公司海外项目是公司新成立的业务单元体,既是产品与市场的创新,同时在组织与体制设计上力争按照内部创业方式,推行机制创新。参与项目的各方以创业合伙人的身份推进业务经营与发展,并就基于认同下述理念而共同达成本方案及相关配套协议。

(1) 参与项目合伙的各方是深思电气公司海外项目共创、共担与共享的创业合伙人,不是职业经理人。

(2) 项目实行创业合伙人持股,是为了给既有创业能力、又有创业心态的合伙人提供共同创新创业的平台,实现人尽其才,才尽其用,增强公司竞争力;同时更基于深思电气公司海外项目是公司全新孵化和培养的项目,新团队、新产品、新市场,为了给予项目及团队更大及更有力的支持,让长期共同参与创业的合伙人分享公司成长收益,打造利益与事业共享的企业文化,提升合伙人的幸福感和成就感。

(3) 参与项目合伙的各方获得的股权数量,是基于对预期贡献的估值,以及会长期全职参与创业项目或公司发展的预期。因此,各方所持有的股权是有权利限制的"限制性股权"。所持股权的成熟,会与我们全职服务的期限挂钩。如果中途退出公司,公司或公司指定方有权回购持有的全部或部分股权。

4.5.3 项目合伙人进入机制

1. 内部创业合伙人选拔

(1) 以深思电气公司为母体公司,与内部合伙人团队为海外项目运作而依据公司法设立的独立公司(以下简称"海外项目公司"),海外项目公司注册资本金拟定为人民币 500 万元,注册地为湖南省株洲市。

(2) 通过内部选拔海外项目公司负责人,并作为第一大自然人股东合伙入股。

(3) 除了项目负责人,公司同时向海外项目经营管理团队开放一定比例的股权分红激励,作为核心岗位中长期激励,享受分红激励的核心岗位数量、选拔条件、具体岗位及人员、比例等具体要求与执行统一由人力资源部门制定专项方案并报董事会审批执行,实现项目公司 3 年业绩目标后,经股东会决议通过,优秀的新核心岗位人才可享受股权激励。

(4) 除了项目团队,海外项目公司同时向深思电气公司内部其他高管及核心骨干团队开放一定比例的股权众筹,作为海外项目公司,同时也是深思电气公司新业务的共创、共担与共享的投资合伙人。

具体来说,创业合伙人由四部分构成,即创业合伙股东、创业合伙人、投资合伙人和潜在合伙人。其中，深思电气公司是创业合伙的股东；创业合伙人是深思电气公司项目公司总经理；投资合伙人是符合条件的深思电气公司的高管成员；潜在合伙人是海外项目的核心团队成员。

2. 合伙人出资及股权结构安排

（1）出资、持股比例及股权分配。

对于合伙人的出资和股权分配方式做了如下规划，主要包括出资人的出资额，持股比例、资金来源和持有方式。如对于作为创业合伙股东的深思电气公司，它的出资额预计在 250 万～300 万元，折算的持股比例为 55%～60%，其资金来源是实付出资，自行持有。对于各个合伙人的出资额、持股比例、资金来源和持有方法详见表 4-6。

表 4-6 合伙人出资及股权分配表

姓　　名	出资额	持股比例	资金来源	持有方式
深思电气公司	250 万～300 万元	55%～60%	实付出资	自行持有
创业合伙人	50 万元	10%	实付出资	自行持有
高管团队	50 万～100 万元	10%～15%	实付出资	代表代持
核心团队成员	50 万元	10%	深思电气公司缴付	深思电气公司持有预留
预留项目负责人激励股权	50 万元	10%	深思电气公司缴付	深思电气公司持有预留

在这里需要指出的是，符合条件的高管成员按照认筹比例对应出资额出资，若该 10% 的股权未完成满额认筹，则差额股权由深思电气公司认筹。

（2）关于出资时间及比例的约定。

在这里，我们对出资的时间和比例做出了约定。我们约定了出资的具体时间，并提出首次足额缴纳出资额的约定。各位合伙人出资额占总出资额的比例即为各合伙人的持股比例。

4.5.4　内部创业合伙项目的运营与管理

本部分主要是对各创业合伙人的职责做了相关规定。

1. 创业合伙人

创业合伙人的主要职责是海外市场运营与团队管理。程如华作为创业合伙人，同时任职于项目公司总经理，负责公司海外市场开发、产品销售、品牌运营与团队建设及管理，为项目公司风险有效防范、健康有序运营与发展承担管理责任。

2. 创业合伙股东

创业合伙股东的主要职责是产品开发与生产、资源调配。由公司负责海外市场产品研发、生产与品质管理，同时，为海外项目公司的经营与发展调配和协调更多的人、财、物等资源，与项目总经理共担公司运营与发展中的所有风险与责任。

3. 投资合伙人

投资合伙人指的是符合条件的高管成员，他们的主要职责是提供外围资源支持。比如提供资金的支持，负责管理制度、工作标准、业务流程建立、审核、完善和监督执行等支持工作。

4. 潜在合伙人

潜在合伙人指的是海外项目核心团队成员，他们的主要职责是提供技术上的支持和打造团队合力。

4.5.5 内部创业合伙模式的激励机制设计

1. 利益分享机制

（1）项目经营团队利益优先分配。项目公司经营前5年（注册时起），每年年度利润总额的20%优先给予项目总经理及项目经营管理团队作为绩效奖励进行分配。其中，项目总经理分享不低于60%，团队成员分配比例由项目总经理制定分配方案并由执行董事批准。5年后再由执行董事审批制定新的奖励方式。

（2）前期开办费盈利后逐年摊销。项目公司成立前（2016年1月1日为注册日）的孵化期投入与成本（开办费），在海外项目公司开始实现盈利时，每年按照当年利润总额的20%进行摊销。2016年以前的海外项目前期开办费由大股东深思电气公司承担。

（3）每年度股东分红方案按公司章程，结合当期经营情况执行。

（4）所有分红、奖金的个人所得税由个人承担。

2. 内部创业合伙成员的激励计划

本部分主要是对内部创业合伙成员的激励计划做了相关设计，主要包括项目总经理的激励计划，项目团队的激励计划和外围高管投资合伙人的激励计划。

(1) 项目总经理激励计划——基于价值创造的期权激励。

① 10%的三年期权激励。

鉴于海外项目公司运作初期,创业合伙人(即项目总经理)将会对公司的贡献暂时无法准确评估,为激励项目总经理在为公司服务期间创造更大价值,根据贡献合理地分配股权,从大股东深思电气公司股权中预留10%的股权作为激励期权。按照三年业绩目标实现,阶段性进行分解,第一年3%,第二年3%,第三年4%。根据业绩考核各期目标实现情况给予激励,获得的期权在三年考核期结束后行权,进行相应的工商登记变更。

② 三年期权分红先享受。

对于深思电气公司预留的10%的期权激励,在三年业绩考核期内,从激励方案实施生效开始,项目总经理即享有分红权,但不具备该部分股权的股东资格及其他权利。

③ 三年业绩目标考核与激励。

对于三年业绩目标考核与激励,本部分做出了详细的介绍。考核的周期为2017年度、2018年度和2019年度。我们对这三个考核周期的销售回款、利润总额、累计销售回款和累计利润总额进行了初步的估计,并将2017年度、2018年度、2019年度的当期期权激励行权基数分别定为3%、3%和4%。三个考核周期的绩效基数均为固定薪酬的20%。具体的三年业绩目标考核与激励见表4-7。

表4-7 三年业绩目标考核与激励

单位:万元

考核周期	销售回款		利润总额		累计销售回款		累计利润总额		当期期权激励行权基数	累计期权行权基数	绩效基数
	目标	权重	目标	权重	目标	权重	目标	权重			
2017年度	1 600	40%	−28.21	60%	1 600	40%	−28.21	60%	3%	3%	固定薪酬×20%
2018年度	3 000	40%	115.2	60%	4 600	40%	87	60%	3%	6%	固定薪酬×20%
2019年度	5 000	40%	309.6	60%	9 600	40%	397	60%	4%	10%	固定薪酬×20%

需要注意两点:

第一,当期目标或累计目标完成100%时,按照对应的当期或累计期权激励基数给予奖励;获得的当期或累计期权在三年考核期结束后行权,进行相应的工商登记变更。

第二,固定薪酬中提取20%比例作为预留考核奖金基数,与业绩目标完成挂钩。

当期业绩目标达成率大于等于 80% 以上,按照实际完成比例兑现预留考核奖金;当期业绩目标达成小于 80% 的,预留部分不予核发。

(2) 项目团队激励计划——基于团队合力支持的股权激励。

① 10% 的三年预留股权激励。

为了激励和促进项目经营团队更团结有力地和项目总经理一起实现价值创造,以项目总经理三年经营业绩目标实现为基础,由大股东深思电气公司每年拿出总比例不超过 10% 的股权对应的分红收益给予项目核心团队作为激励。连续三年经营业绩目标实现及个人业绩优异者,经股东会决议通过,可以对优秀核心岗位人员进行股权激励。

② 三年内 10% 分红收益激励,培养潜在合伙人。

符合以下条件的项目核心团队成员经项目总经理提报、执行董事审批可享受股权分红收益激励。

入职时间满一年以上(特殊岗位可放宽);经公司审核认定的核心岗位或骨干员工;公司整体业绩目标实现(即项目总经理三年业绩目标考核);个人业绩考核成绩优异。

经审核认定可享受分红激励的经营管理团队成员,在项目公司整体年度目标完成 100%(近三年的业绩目标见表 4-8),且个人年度业绩考核经执行董事评议认定为优异时,可按照审定比例享受对应的分红激励,分红奖励表见表 4-9。

表 4-8 公司近三年业绩目标

单位:万元

时 间	销售回款	利 润
2017 年度	1 600	-28.21
2018 年度	3 000	115.2
2019 年度	5 000	309.6

表 4-9 个人年度分红奖励表

核心岗位	所在部门	现任者	工 龄	是否符合激励要求	享受分红比例

③ 三年后优秀潜在合伙人转为实际合伙人,50% 认购,50% 无偿激励。

公司三年整体业绩目标 100% 完成,且三年期间个人业绩考核优异的,经项目总经理提名,股东会决议,可以认购公司股权;经审批决议通过的员工进行股权认购时,认购股权的条件、具体数量及认购价格由股东会决议,认购股权的 50% 由员工按照认购价格有偿认购,另外的 50% 部分由大股东深思电气公司给予无偿激励。核心岗位人员激励计划见表 4-10。

表 4-10 核心岗位人员激励计划表

单位：万元

核心岗位人员激励计划								
姓名					岗位			
考核周期	公司业绩目标		公司业绩完成实际		个人业绩完成情况		享受分红比例	实际分红金额
	销售回款	利润	销售回款	利润	实际业绩	业绩评价（优、良、中）		
2017 年度	1 600	−28						
2018 年度	3 000	144						
2019 年度	5 000	387						

（3）外围高管投资合伙人计划——基于资源、机会、利益共享的股权激励。

为了让长期与深思电气公司共同奋斗和发展的职业管理团队分享公司成长与发展的机会、挑战与利益，打造利益与事业共享的企业文化，提升职业管理团队的归属感和成就感；同时也为整合更多的内部资源促进海外项目实现价值创造，海外项目公司开放 10%~15% 比例的股权给予深思电气公司其他业务模块的高管团队进行投资合伙。

投资合伙团队以 1 元/股价格认购股权，持有的海外项目公司统一由指定代表代持，行使股东权利。

投资合伙人条件如下：入职时间满一年以上（特殊岗位可放宽）；经公司审核认定的核心高管或骨干员工。

4.5.6 内部创业合伙股权约束

1. 股权限制

（1）转让限制。

除非股东会另行决定，各方均不得向任何人以转让、赠与、质押、信托或其他任何方式，对股权进行处置或在其上设置第三人权利。

（2）配偶股权处分限制。

除非股东会另行同意，海外项目公司股权结构不因任何创始人股东婚姻状况的变化而受影响。

（3）股权继承限制。

发生继承事件，需由继承人继承的，须经公司其他各方中持有过半数表决权的股东同意。若未能达成一致同意的，则由大股东深思电气公司以当期每股账面净资产回购该部分股权。

2. 退出机制

(1) 因过错或不胜任岗位导致的退出。

① 出现下述任何过错行为之一的,大股东深思电气公司有权回购全部股权,回购时以当期每股账面净资产定价,且退出的股东方无条件且不可撤销地同意此回购。自海外项目公司股东会决议通过之日起,退出的股东方对标的股权不再享有任何权利。

② 过错或不胜任岗位情形包括:严重违反公司章程等规章制度,给公司造成重大损害;严重失职,营私舞弊,给公司造成重大损害;在职期间,从事与公司具有竞争性的经营或兼职;因其他过错给公司造成重大损失的行为;没有达到规定的业务指标、盈利业绩的。

(2) 合伙人发生职务变更、终止劳动关系、丧失劳动能力、死亡等事故导致的退出。

① 职务变更。

合伙人发生公司内正常职务变更或工作调动的,其股权不做变更;合伙人因个人绩效不合格、不能胜任工作、损害公司利益、触犯法律法规等而发生的职务变更或工作调动的,已获准行权的股权按照上述第(1)条款规定出让股权,涉及期权激励的,已获准行权但尚未行权的期权终止行使,未获准行权的期权作废。

② 终止劳动关系。

合伙人主动离职、与公司协商终止劳动关系、因过错或不胜任岗位解除劳动关系、退休等其他原因不再为公司继续服务和任职的,除非公司股东会另行决定,公司有权以当期每股账面净资产回购全部股权,自股权支付完毕回购价款之日起,退出的股东方对已回购的股权不再享有任何权利。涉及期权激励的,已获准行权但尚未行权的期权终止行使,未获准行权的期权作废。

③ 丧失劳动能力。

合伙人因丧失劳动能力的,在离岗之日起1年内按照当期每股账面净资产计价退出。涉及期权激励的,已获准行权但尚未行权的期权终止行使,未获准行权的期权作废。

④ 死亡。

合伙人死亡的,由合法继承人继承的,须经公司其他各方股东中持有过半数表决权的股东同意。若未能达成一致同意的,则由大股东深思电气公司以当期每股账面净资产回购该部分股权。

4.5.7 案例解析

内部创业是公司发展到一定阶段后的新的业务投资,可视为"公司层面的创业",

这种创业是在组织内部依附于组织开展的创业活动，得到组织的授权和资源保证，其核心是构建优秀的创业团队并设置合理的机制，这是人力资源管理领域面临的新的现实课题。本案例源自我担任董事和顾问一家公司，该公司在发展海外业务进行扩张时采取了内部创业合伙模式，公司内部组织了一个工作组负责设计方案，我作为该方案的技术顾问，全程参与方案的研讨和设计过程。该方案实施效果良好，达到了预期的目标，改编成案例时只做了必要的信息处理。

这种团队往往是一些嵌入式团队、交叉职能团队或知识型团队，而非一般团队。本案例旨在让读者了解内部创业的独特所在和其运行机制，并能够掌握其关键点，为有意向推广内部创业的企业提供参考。

评价：内部创业作为一种特殊的创业形式，自从出现以来，被解释为各种各样的术语，例如企业创业、企业风险投资、战略更新以及内部企业创业和投资[1]。Fitzsimmons 等通过对澳大利亚 350 多家企业进行的实证研究证明内部创业对于企业可持续发展及利润增长均呈现显著的正相关关系[2]。Yang 等着力研究了中国的内创业实践，调研了 167 家中国公司的收益表现，证实企业的收益与创新、自我更新和超前行动呈现出显著的正相关关系[3]。鉴于内部创业能够给公司带来的种种益处，公司鼓励员工在公司内部像企业家一样创新创业，造就内部创业者或者内部创业团队。深思电气公司推行的创业合伙人项目是对内部创业的创新应用，以深思电气公司为母体公司，与内部合伙人团队为海外项目运作而依据"公司法"设立独立公司，参与项目的各方以创业合伙人身份推进业务经营与发展。案例详细介绍了创业模式的海外合伙项目的机制设计方案，包括内部合伙人的进入机制、项目的运营管理机制、激励机制以及约束机制，向我们呈现了一个较为完整的内部创业合伙项目的人力资源管理机制过程，具有较强的借鉴价值。

使用说明：本案例是针对公司海外业务模块设置的内部创业机制，由于公司是刚刚开拓海外业务，既没有合适的人才，又缺乏必要的资源，在引进核心人才的时候实际上还要求其海外市场经验和必要的资源，一般的薪酬模式和激励方案难以奏效，才尝试用内部创业模式。读者如果遇到对引进人才或者说对新开辟领域的内部人才依赖度很高，公司缺乏必要的资源支持和有效的管理能力时，可以考虑采用这种内部创业模式，当然，其具体方案设计必须因情势而定，本案例只能提供必需的思路和借鉴。

---

[1] Antoncic B. Intrapreneurship：a Comparative Structural Equation Modeling Study [J]. Industrial Management Data Systems，2007，107（3）.

[2] Fitzsimmons J T，Douglas E J，Antoncic B，Hisrich R D. Intrapreneurship in Australian Firms Journal of the Australian and New Zealand [J]. Academy of Management，2005，11（1）：17-27.

[3] Yang Z，Li-Hua R，Zhang Z，Wang Y. Corporate Entrepreneurship and market performance：an empirical study in China [J]. Journal of Technology Management in China，2007，2（2）：154-162.

案例研讨：

1. 找出本案例内部创业方案存在的不足，并提出改进意见。

2. 如果发现内部创业合伙人与预期目标相差太远，该如何处置？

3. 讨论内部创业方案对公司其他核心团队成员和原有的薪酬激励政策带来的冲击，并提出解决方案。

第5章 成长型企业瓶颈突破

我国绝大多数民营企业都比较年轻，正处在成长期。如何使这些成长型民营企业跨越成长期，实现可持续发展是当今中国管理学界具有重大意义的现实课题。成长型企业发展最重要的瓶颈之一就是人力资源管理瓶颈，主要体现在企业主的理念、人力资源管理模式、优秀人才的引进和有效使用等方面，这些瓶颈如不能突破，企业就会卡在成长阶段，不能健康成长壮大，最终面临严重生存危机。

5.1 相关概念

在企业成长阶段理论中，企业被看作是一个受到很多内外因素影响的开放系统，这些因素包括外部环境、企业规模、销售收入、战略转型、组织结构、治理模式转变等，不同成长阶段的理论是根据不同的影响因素来划分的。表5-1列出了部分经典企业成长阶段理论以及划分标准。我们综合考虑多种影响因素，把企业的成长历程划分为四个阶段：创业阶段、成长阶段（扩张与徘徊阶段）、成熟阶段（理性的回归）和可持续发展阶段。

表 5-1 部分经典企业成长阶段理论以及划分标准[①]

学者	年份	划分标准	企业成长阶段	学者	年份	划分标准	企业成长阶段
Steinmetz	1969	治理方式	直接管理阶段、监督管理人阶段、间接控制阶段、组织授权阶段	Baird & Meshonlam	1988	人力资源管理活动	发起阶段、职能型增长阶段、控制型增长阶段、智能整合及战略整合阶段
Greiner	1972	经济增长	创造阶段、指令阶段、授权阶段、协调与监督阶段、协作阶段	Adizes	1989	灵活性、可控性	成长阶段、成熟阶段和老化阶段

---

① 吴春波. 民营高科技企业成长过程中人力资源管理角色演化模式研究 [J]. 管理世界，2010 (2).

续表

学者	年份	划分标准	企业成长阶段	学者	年份	划分标准	企业成长阶段
Churchill & Lewis	1983	组织规模、经营战略	存在阶段、生存阶段、成功阶段、起飞阶段、资源成熟阶段	席酉民	1997	管理风格	能人企业阶段、示范效应（竞争）阶段、孤军独进阶段、规模膨胀阶段、管理滞后以及发展受阻阶段
Quinn & Cameron	1983	管理模式、组织结构	创业阶段、集合阶段、规范化阶段、精细阶段	王宏伟	2003	成功要素	创立到初步发展阶段、持续成长发展壮大阶段
Kazanjian	1988	生命周期	观念和发展阶段、商业化阶段、成长阶段、稳定阶段	周文成、赵曙明	2006	解决问题	创造成长阶段、指令成长阶段、授权成长阶段、协调成长与合作成长阶段

企业成长表现为企业功能的扩展、规模的扩张、组织与获取资源能力的增强和市场范围的扩大。陈泽聪和吴建芳[①]指出公司的成长性是公司在自身的发展过程中，通过生产要素与生产成果变动速度间的优化而获得的公司价值增长能力；丛佩华[②]认为公司的成长是指经营中公司资产和盈利持续高速增长的现象和趋势，或者说在一个相当长的时期内公司实现整体绩效持续大幅提升和质量与水平的阶段性跨越。

综上所述，我们认为成长型企业是既具有成长性又处在成长阶段的企业，这种企业在较长时期（如3～5年及以上）内，具有持续挖掘潜在资源的能力，呈现出明显的整体扩张态势，具有良好未来发展预期。

5.2 划分类型

5.2.1 依据时间划分

成长型企业包括现实成长型企业和潜在成长型企业。前者指那些在过去至少三年

---

① 陈泽聪，吴建芳. 小型上市公司成长性指标的统计分析[J]. 财经科学，2002（7）.
② 丛佩华. 浅谈企业的成长性及其财务评价[J]. 财会研究，1997（9）.

内呈现连续高速增长态势的企业；后者指那些在未来至少三年内由于自身具有的某种优势而预计将呈现连续高速增长态势的企业，是通过主观预测提出来的。

5.2.2 依据增长速度与频率划分

中国企业评价协会根据成长过程中的不同状态，把成长型企业划分为超速成长、渐进成长和缓慢成长三种类型。按照成长型企业的定义，凡是成长型企业都是成长特征比较突出的企业，这类企业大体上相当于中国企业评价协会所指的超速成长型企业。根据中国企业评价协会的划分，人们更多地将成长型企业划分成一般成长型企业和显著成长型企业两类：前者指的是增长速度比国家或地区经济平均增长速度稍高、连续增长时间稍长的企业；后者指的是增长速度比国家或地区经济平均增长速度高出许多、连续增长时间很长的企业。

5.2.3 依据规模划分

成长型企业包括较小成长型企业和较大成长型企业两类。较小成长型企业就是人们所说的"成长型中小企业"。其实，企业的成长性与企业的规模并不存在必然联系，中小企业不一定都成长特别快，大型企业也不一定都成长特别慢，只不过在中小型企业中成长型企业的数量比较多而已。

5.2.4 依据实现要素划分

成长型企业包括资金制约成长型企业和非资金制约成长型企业。资金制约成长型企业是指这些企业面临的主要矛盾是资金不足，一旦解决了这个问题，各项经济指标就会更加迅速地增长。非资金制约成长型企业是指增长速度比一般企业快、持续增长的时间比一般企业长，但是由于体制问题、战略问题、技术问题或者营销问题等，还没有达到理想的成长程度。

5.3 企业成长理论

5.3.1 基于规模经济效应的企业成长理论

斯密（Smith，1776）认为分工对工厂生产有决定性的作用，分工创造的生产力是工厂存在的原因，分工的程度受交换能力的限制，即企业在市场范围的约束中成长，企业规模的大小受市场范围的限制。斯密对企业成长的突出观点在于"市场第一、企业第二",他更注重企业外部的市场调节作用,对于企业自身状况、企业成长的贡献涉及较少。之后相当长的时间里,"市场第一、企业第二"的思想成为后人研究企业成长的思维定式。这也是传统企业成长理论与现代企业成长理论相区别的一个重要特征。马歇尔(Marshall,1890)新古典经济学的企业成长理论沿袭了规模经济的思维模式,将企业内部结构视为"黑箱",它用规模经济解释企业的横向扩张,用市场缺陷和技术相互依存解释企业的纵向扩张,在利润最大化的假设下,企业在给定的技术条件和各种约束下从不同的可能选择中挑选自己的生产方案(生产规模),在没有任何障碍的情况下采用使其利润最大化的行为。

基于规模经济效应的企业成长理论研究了在既定的技术、市场条件下,企业最有生产规模和最佳生产范围的决定问题。认为企业成长是企业调整产量达到最优规模的过程,企业没有成长主动性的余地,成长的基本因素是外生的。因而,企业是同质的,企业成长具有外生性。

5.3.2 格雷纳的企业生命周期成长理论[①]

从生命周期的角度,企业也是一个生命有机体,要经历从生到死、由盛转衰的过程。企业也会呈现生命周期特征,成长型中小企业的成长常经历种子期、创建期、成长期、扩张期和成熟期。

格雷纳(Larry E. Greiner)等提出的企业生命周期模型主要描述企业成长过程中的演变与变革的辩证关系,解释了企业的成长,成为研究企业成长的基础理论。该模型认为企业的发展可以分为五个阶段,分别为创业阶段、集体化阶段、规范化阶段、精细化阶段和合作阶段,这五个阶段具有不同的特征和管理重点,同时也面临着不同的发展危机,如图 5.1 和图 5.2 所示。

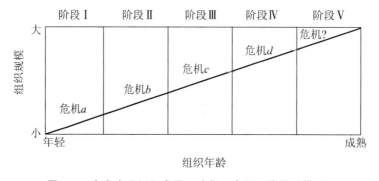

图 5.1 中小企业组织发展五阶段示意图(格雷纳模型)

---

① Stephen P. Robbins. Organization Behavior [M]. 7th Edition. America: Prentice - Hall International, Inc.,1997.

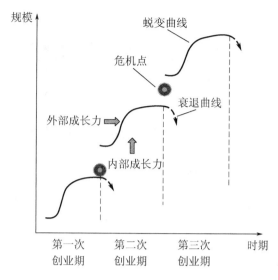

图 5.2 中小企业连续创业

5.3.3 爱迪思的企业生命周期成长理论[①]

爱迪思（Adizes，1989）将企业的成长分为孕育期、婴儿期、学步期、青春期、盛年期、稳定期、贵族期、官僚化早期、官僚期和死亡期。在生命周期理论中，爱迪思用 P（Performance of the purpose of the organization）和 A（Administration）分别表示企业追求短期效益的执行功能和短期效率的行政功能，用 E（Entreprenearing）和 I（Integration）分别表示企业追求长期效益的创新能力和长期效率的整合能力。PAEI 这四种功能在企业的孕育期、婴儿期、学步期、青春期、盛年期、稳定期、贵族期、官僚化早期、官僚期、死亡期中每个阶段各自所呈现的大小不同（如图 5.3 所示）。因而，从四种功能分别显示的大小可推断出企业所处的阶段以及在每一阶段应采取的对策。

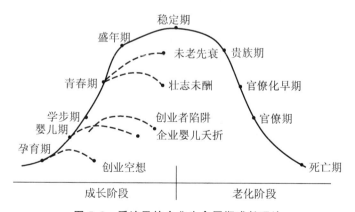

图 5.3 爱迪思的企业生命周期成长理论

---

① 爱迪思. 企业生命周期 [M]. 北京：中国社会科学出版社，1997：237.

5.4 企业成长主要模式[①]

从马歇尔（Marshall，1890）在其著作《经济学原理》中对企业成长规律的阐述，即"一个企业成长、壮大，但以后也许停滞、衰朽，在其转折点存在着生命力与衰朽力之间的平衡或者均衡"，以及吉布莱特（R.Gibrat，1931）的企业成长率与规模无关论到鲍莫尔（Baumol，1959）的"销售收益最大化模型"、马里斯（Marris，1964）的"增长最大化模型"、潘罗斯（Penrose，1964）的"企业成长理论"、威廉姆森（Wiliamson，1963）的"企业经理效用函数"，再到安索夫（Ansoff）的企业成长经营活动之间的协同、钱德勒（Chandler）的企业经营结构与组织形式的匹配以及詹森（Jensen，1976）等人有关企业成长的契约联结模型，日渐突出了企业成长的规模增长基础性、结构关联适应性、多重边界性和组织成长的生命周期性等特征，深刻体现了企业成长的质与量的互动性。基于上述理论观点，在实践中形成了具有典型意义的或理想的企业成长模式，主要包括基于经营结构发展的成长模式、基于组织结构发展的成长模式、基于空间结构发展的成长模式及基于技术结构发展的成长模式。

5.4.1 基于经营结构发展的成长模式

贝茨（Bates）、帕金森（Parkinson）和萨缪尔森（Samuelson）分析了基于企业经营结构发展的企业成长原因，并揭示了三种具体的成长模式分类，即以扩大某一产品产量为特征的规模型成长、以在新的产业从事新的业务为特征的多角化成长以及以购买上游或下游企业扩展生产链为特征的纵向成长。其中，多角化成长分为相关多角化和非相关多角化，前者又分为技术、生产、市场多角化三种；纵向成长分为完全纵向一体化、不完全纵向一体化、准一体化以及不完全准一体化四种。将上述三种成长模式融合又形成了复合型成长模式。

5.4.2 基于组织结构发展的成长模式

基于组织结构发展的企业成长模式主要是由于企业市场份额增长、雇员人数增加等原因引起的，分为以企业分散和裂解为特征的分散化成长模式和集团化成长模式。其中，从企业之间的联合方式看，集团化成长又分为基于纵向成长的集团化、基于产品细分的集团化以及基于多角化成长的集团化。

---

① 邬爱其，贾生华. 产业演进与企业成长模式适应性调整[J]. 外国经济与管理，2003（4）.

5.4.3　基于空间结构发展的成长模式

基于空间结构发展的成长模式是因为企业成长涉及地域变动，从而形成区域性企业和国际性企业。实践中，还存在这三种基本企业成长模式之间交叉融合，进而形成更为细化的企业成长模式。

5.4.4　企业成长模式选择

1. 按产业链分的基础产业和加工产业的选择

进入基础产业的企业应该注重规模型成长和技术进步，一般不宜实行过度的多角化成长，而应该追求适当的纵向成长；进入加工产业的企业应该在注重规模成长的前提下追求准一体化成长，努力提高专业化程度和适时发展低程度的相关多角化成长。

2. 按生产要素密集型产业分类的选择

原有业务属于资金密集型的企业应该考虑选择相关多角化和前向一体化成长模式；原有业务属于技术密集型的企业应该考虑选择相关多角化成长模式，但技术快速创新使得非相关多角化成长也成为一种选择。

3. 按成长产业和衰退产业的选择

属于成长产业的企业应该通过内外部成长途径来实现规模型成长；已经或趋于衰退产业的企业必须考虑采用技术相关多角化、非相关多角化或纵向成长，前提是要进入的产业处于成长期。

5.5　突破企业主理念瓶颈[①]

成长型企业最常见、最重要、最难超越的瓶颈就是企业实际控制人和决策者的理念瓶颈。大量的成长型企业是中小企业，在国内，则更多的是中小民营企业。该类企业中的核心就是企业主，他们是决定成长型企业发展的关键因素，其素质的高低决定了企业的成长状况乃至生存状况。Zutshi 把新加坡的创业资本作为研究投资标准的对象进行研究，结果表明企业家的素质、高级管理人员的能力是影响企业成长的十分重

---

① 颜爱民. 中国情境下人力资源管理十二讲[M]. 北京：北京大学出版社，2018.

要的因素①。Koga T. R&D 针对日本的企业研究也证明，成长型企业的生产效率及经营成果与企业的领导者、管理者等的综合素质有着密切联系②。成长型企业在管理结构方面大多呈现出过分集权的特征，很多企业的所有权和经营权集中于企业主或其家族手中，企业主一人兼任董事长和总经理两职。在这种两权分离不明晰的情况下，企业发展的方式和方向完全由企业主个人决定，他的经历背景、知识储备、风险偏好等方面的特点对其决策具有重大影响。著名的管理学家格雷纳（Larry E. Greiner）提出："在某一阶段有效的管理惯例，也许会导致下一阶段危机的出现③"。这种问题对成长型企业而言尤为突出，因为成长型企业在快速成长过程中，企业内外环境也处在快速动态变化之中，许多过去有效且适用的管理理念和方法，在发展过程中就失去其有效性和适用性，而企业主常常不可避免地会依据经验和惯例来处理问题，导致管理危机。

如何突破企业主/董事长的理念瓶颈终究是企业成长发展的核心难点和重点。我们以为，针对企业主进行心智模式的专项培训和开发，组织企业主参访国内外成功企业，通过成长型企业成功和失败的案例研讨等活动都是帮助企业主突破成长理念瓶颈的有效办法；通过企业治理模式的优化设计从制度层面约束企业主的个人独断决策，设置科学合理的决策机制，通过群体决策和制度化、程序化决策模式优化，也是以外部压力形式、从制度层面刚性推动企业主突破理念瓶颈的有效办法。但这一切终究还是要依赖于企业主的自我学习、自我调整和自我进步，所以企业主自身的成长是突破其理念瓶颈的根本所在。

5.6　突破人力资源管理模式瓶颈

人力资源管理模式（Human Resource Management Model，HRMM）的研究起源于美国，其概念界定分别集中在理论层面和实践层面。在理论层面，Beer 等学者在 20 世纪 80 年代率先提出哈佛模式、盖斯特模式与斯托瑞模式三种。

（1）Beer 的哈佛模式由情景因素、利益相关者、人力资源管理、人力资源效果、长期影响与反馈圈六个部分构成④（如图 5.4 所示）。该模式首次系统地提供了一个较全面的人力资源管理分析框架，在人力资源管理理论和实践工作中有着广泛的影响。

---

① Zutshi. Growth of firms in developing countries [J]. Journal of Development Economics，2002（4）：463 - 481.
② Koga T. R&D. The case of Japanese high - technology start - ups [J]. Small Business Economics，2005，24（1）：53 - 62.
③ Larry E. Greiner. Evolution & revolution as organizations grow [J]. Harvard Business Review，1998.
④ 肖鸣政. 人力资源管理模式及其选择因素分析 [J]. 中国人民大学学报，2006（05）：135 - 141.

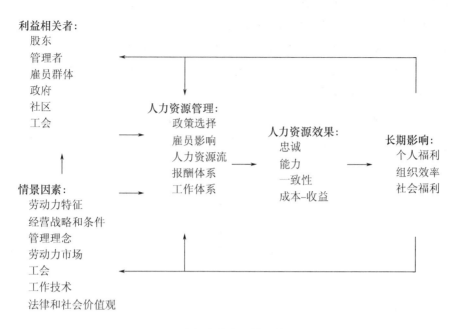

图 5-4　哈佛人力资源管理模式分析

(2) 英国学者 Guest 构建的盖斯特模式，主要侧重于显示人力资源管理与传统人事管理的区别，该模式认为人力资源管理并不适合所有类型的组织，它最适合于那些具备系统性结构，强调积极和充分利用人力资源的组织。

(3) 斯托瑞模式也是通过对比人力资源管理与人事管理来体现的，该模式中的战略方面显示了人力资源管理是企业战略计划的中心，战略管理赋予了人力资源管理者在组织中一种领导变革的角色，主要优点在于它比较注重实践，因此被广泛运用。

上述三种模式的主要构成和主要特征见表 5-2。

表 5-2　西方理论层面人力资源管理模式汇总

学　　者	类　　型	主　要　内　容
Beer	哈佛模式	由情景因素、利益相关者、人力资源管理、人力资源效果、长期影响与反馈圈六个部分构成
Guest	盖斯特模式	由人力资源管理政策、人力资源管理结果、组织结果和系统整合四个部分构成
Storey	斯托瑞模式	由信念和假设、战略方向、直线管理与关键杠杆四个方面组成

在实践层面，Arthur 根据企业人力资源管理实践活动的特征采用聚类分析法将人力资源管理模式划分为两种类型：承诺型和控制型①；Delery 和 Doty 将人力资源管理模式划分为内部发展型（Internal System）和市场导向型（Market Type System）②；Dyer 则划分为利诱型（Inducement）、投资型（Investment）和参与型（Involvement）三大类③。各模式主要内容和特征见表 5-3。

表 5-3 西方实践层面人力资源管理模式汇总

学　者	类　型	主　要　内　容
Arthur	承诺型	通过强化员工与组织之间的情感联系来达到员工自主行为与组织目标高度一致的目的
	控制型	要求员工严格遵守组织的管理制度和规则，依据可以测量的产出来奖励员工，以达到降低成本或者提高效率的目的
Delery & Doty	内部发展型	以长期、培育的观点来对待员工，也期望员工能对组织忠诚，进而做出长期贡献
	市场导向型	以短期、交易的观点来看待雇佣关系，劳资关系建立在相互利用、各取所需的基础上
Dyer	利诱型	要求员工在指定的工作范围内有稳定的表现即可，并以利诱性工具作为激励员工的方式，组织与员工的关系纯粹是直接、简单的利益交换关系
	投资型	重视员工的创新，注重对员工的培训和激励，组织与员工建立长期的工作关系
	参与型	倡导组织下放决策权力，大多数员工都能参与决策，对员工的主动性与创新性要求都较高

按照 Nelson 和 Winter 的企业演化研究，企业组织的演化是一个经历了企业的成长、发展、创新和衰落等一系列演化的动态过程④。按照盖斯特模式的观点，只有那些具备系统性结构、强调积极和充分利用人力资源的组织，才会有真正意义的人力资源管理模式。处在创业之初和成长早期的中小型企业不可能具有完整的人力资源管理模式，人力资源管理模式是随着企业成长、企业演化而逐步形成和发育完善的。例如，

---

① Arthur J B. Effects of human resource systems on manufacturing performance and turnover [J]. Academy of Management Journal, 1994 (37): 670-687.
② Delery J E, Doty D H. Modes of theorizing in strategic human resource management: tests of universalistic, contingency, and configurational perspectives [J]. Academy of Management Journal, 1996 (39): 802-805.
③ Dyer L A. Strategic perspective human resource management: evolving role and responsibility [J]. ASPA, BNA Series, 1988: 20-21.
④ Nelson R R, Winter S G. An Evolutionary Theory of Economic Behavior and Capabilities [M]. Cambridge: Harvard University Press, 1982: 195-307.

Greiner 指出，在企业创立阶段，企业的发展主要依赖创业者的创新得到市场认可，人力资源管理职能主要由创业者自己承担，不存在对员工明确的人力资源管理规则和制度，员工多按照创业者的口头要求自主工作；在企业指导成长阶段，企业迅速发展，创业者个人威望高，企业需要服从控制、按照计划行事的"劳动者"，劳动生产率成为衡量一切工作的主要标准，以命令指挥有效为特征的简单人力资源管理规则是主要特征；随着企业规模的逐步扩大，创业者直接的命令指挥有效性越来越不足，员工的知识、技能得到发展，要求"独立""自治"的呼声提高，相应的工作职责、工作目标、工作绩效等人力资源管理要素逐步衍生出来；在企业委派成长阶段，领导者开始授权，责任和权利开始向低层次转移，各个部门独立决策、发展自己的知识和业务，这一阶段新的人力资源管理问题会有企业价值观的认同、企业文化的建设、员工忠诚度等；在企业协调成长阶段，建立合理、科学的业绩考核办法，指定激励性的薪酬计划，比如指定股权和股权分配制度等，使个人、部门收益与业绩紧密联系起来，可能是这阶段最大的人力资源管理挑战①。可见，成长型企业的人力资源管理也在成长之中，其各个人力资源管理模块的诞生、相关人力资源管理机制的建立、配套人力资源管理制度的建设，以及内部人员观念的进步、能力提升和必要的外部人才引进等是一个人力资源管理系统的升华过程，瓶颈效应非常明显，常常构成制约企业顺利成长和发展的重大障碍，可以参照上述模式理论、结合企业实践予以突破。

5.7　突破人才引进和使用瓶颈

Rutherford 等学者提出成长型企业优秀人才的引进、培育和保留是成长型企业面临的一大管理难题②。据调查，我国一般优秀企业的人才流动率每年在 10%～15%，而民营企业的人才流动率一般都在 30% 以上，部分民营企业的人才流动率甚至高达 70% 左右③，这些人才高流失率的民营企业大多数是处在成长阶段的企业，这从一个侧面实证了成长型企业的人才引进与使用方面存在严重问题。根据上述人力资源管理模式理论，成长型企业缺乏系统的人力资源管理模式，缺乏有效的制度、合理的机制，领导者决策随意性大，很多优秀人才与该类企业磨合困难，甚至冲突严重，优秀人才的合理使用和保留缺乏必要的制度性条件和保障。我们给出解决成长型企业人才引进和使用瓶颈的几点思路，如下所述④。

---

① Greiner L E. Evolution & revolution as organization grow [J]. Harvard Business Review, 1972: 37-46.
② Matthew W. Rutherford, Paul F. Buller, Patrick R. McMullen. Human Resource Management Problems over the Life Cycle of Small to Medium-Sized Firms [J]. Human Resource Management, 2003.
③ 李亚兵，朱盆兄. 国内民营企业人才流失研究评述 [J]. 人力资源管理，2013: 209-210.
④ 颜爱民. 中国情境下人力资源管理十二讲 [M]. 北京：北京大学出版社，2018.

1. 给引进人才以必要的"空间"

任何优秀的人才只有在一定的空间（包括一定的职位、必要的权利、必要的资源和其他必要的支持条件）才能施展其才能。而在成长型的企业中，企业主几乎掌控所有权力并承担着所有的责任，引进优秀人才后，企业主必须为其腾出必要的施展能力的空间，赋予其必需的权利和责任，支持和保护他们施展才能。由于外部人才的引进在客观上与内部员工形成了利益和空间的冲突，内部员工的不配合甚至排斥，也需要企业主予以调和。

2. 给引进人才以必要的"时间"

再优秀的人才，在组织中都会有磨合、融合的过程，都必须假以时日才能有所成就。很多企业主往往在这个阶段急于求成，结果适得其反。许多比较优秀的人才被引进后，迫于来自组织内部尤其是企业主的压力，急于做出成绩，反而容易导致失误，给组织带来损失，也使自己不得不"流失"。

3. 循市场规律，以合适策略实现人才的有效引进和使用

成长型企业的优秀人才尤其是优秀高管引进不是一个简单的招人问题，而是一个组织系统的调整和升华过程。因为每一个组织犹如一个生命体，任何时候都会形成一个平衡系统，即前文所说的模式。高管人才的导入会对整个组织系统形成冲击，也就面临系统的排异和接受融合问题，系统需要做出相应的调整、也要承受相应的冲击。正因为如此，优秀高管人才在引进过程中会面临较大的"生存"风险，他们会考虑风险收益，以高于其平均市场价格的要求才愿意到成长型企业就职。企业必须遵循市场规律，以合适的价格，同时要帮助优秀人才克服理念冲突、克服组织排异、克服模式矛盾，尽可能提高引进人才的存活率，实现组织系统升华，推动人力资源管理模式形成和升级。当然，核心技术人才的引进也同样存在上述系统的排异和融合问题，只是通常情况下矛盾和冲突较管理人才小一些，不再赘述。

5.8 典型案例：洞庭湖集团人才引进瓶颈问题解析

5.8.1 公司概况

洞庭湖集团成立于1999年，是一家拥有国家一级房地产开发资质和国家一级物业管理资质的控股企业集团，年销售额近20亿元，并一直保持较高的发展速度，是典型

的成长型企业。旗下有房地产开发公司、金融控股公司、酒店管理公司、投资公司等多家企业。集团先后被评为"地区十佳建设单位""房地产十年风云榜最具价值的品牌企业""湖南省著名商标""湖南省开发企业综合实力十强"等。洞庭湖集团已形成以"主题式地产、低密度住宅、商业地产、高层精品"四大成熟产品线系列，同时涉足购物中心、高星级酒店、写字楼、体育公园、主题旅游等项目开发。在区域布局上，公司"立足株洲，拓展全国"，其进入的城市有长沙、株洲、湘潭、重庆、南昌等地，是湖南本土较有影响力的地产品牌。

集团房地产开发及与房地产开发紧密相关的商业管理及物业管理总人数在1 500人左右。集团管理层管理幅度较大，其平均管理幅度大约在1∶12，远高于同行1∶8的平均管理幅度，核心管理人才和核心业务骨干严重紧缺，优秀人才引进非常困难，人力资源部门面临极大的压力，更可怕的是许多优秀人才还在快速流失。

5.8.2 集团核心人才引进瓶颈

中南大学人力资源研究中心的专家通过对洞庭湖集团的综合评估后，认为该集团公司核心人才引进方面存在着以下主要问题。

1. 区域性人才竞争劣势

虽然洞庭湖集团属于区域龙头企业，综合素质和能力水平较高，在当地具有一定优势，但由于企业所处的地域在全国属于相对落后地区，大量优秀人才流向北上广深，人才竞争存在明显的区域性劣势。

2. 市场争夺过于激烈

集团所处房地产行业正处在快速扩张期，其利润空间巨大，吸引了大量有实力的企业进入该行业。这些有强大实力的新进入者构成了对行业核心人才的激烈竞争，他们往往采取高薪甚至极具吸引力的绩效奖励和股权激励方式争夺优秀人才，处于区域领先地位的洞庭湖集团的核心人才成为他们最主要的猎取对象。相对而言，本集团公司在行业沉淀时间最长，队伍最成熟，所沉积的人才也最多。由于行业规模的快速扩大，全行业性面临核心人才严重供不应求的局面，集团公司原来所设计的本来还不低的薪酬和激励机制在新的供求矛盾下，尤其是在有强大经济实力的新进入者的恶性竞争中，显得不堪一击，这是集团公司优秀人才难以引进，而且还面临大量核心人才流失的关键市场性原因。

3. 组织模式欠佳

集团的组织模式实际上是直线职能式，尽管集团下面设有若干事业部，但其管控和运行还是行政加财务型模式，基本上是人、财、物重大决策由集团集权管控，事业部只是一种生产运作职能，这种管理模式很难为新引进的人才提供合理的"空间"，导致人才难以引进，引进也难以存活。

4. 薪酬和绩效激励强度不足

集团采用的是市场领先型薪酬策略，虽然其薪酬福利整体水平在本区域居于行业领先水平，但结构上存在严重问题：一方面是以职位和岗薪为主导，绩效报酬份额太小，力度不大，结果呈现出大锅饭式的薪酬状况；另一方面是完全没有中长期激励措施，不利于核心人才的引进和留用。尤其是近年来核心人才市场环境发生激烈变化，市场供求短缺严重后，核心人才的市场价格已远远高于本集团公司的薪酬水平，而集团公司的薪酬水平和模式未能做出相应的调整，导致其市场竞争能力处于明显劣势，优秀人才的获取能力在快速降低，而优秀人才的流失问题则日趋严重。

5.8.3 集团人才引进瓶颈突破方案

由于集团公司长期以来在本地区处于龙头地位，加上核心领导层的战略眼光，集团公司在本轮房地产市场快速发展前囤积了大量优秀土地，构成了重要的战略发展优势，集团公司的发展战略就是利用该阶段房地产行业快速发展之际，实现高速增长和高速发展，而核心人才短缺成为最大的制约因素。为此，中南大学人力资源研究中心提供了相应的核心人才引进瓶颈突破方案。

1. 创新组织模式、架构平台、筑巢引凤

根据集团公司的发展战略和行业特征，项目组首先从组织模式入手，彻底改革组织模式和运行机制，将洞庭湖集团改成母子公司模式，将集团公司的权责体系重心下移，以各子公司作为市场利润主体，做活做实，而集团公司更多的是承担战略管控和投资决策指导。公司这种组织模式改变，可以为企业根据实际需要营造出足量的高管平台，可以有足够多的"总经理""副总经理"职位用以招聘人才。"一个项目一个子公司"，一个项目设一个总经理、一个营销副总、一个工程副总，组成三人团，设置合理的利益机制，形成"一个项目、一个三人团、一片房产"的快速扩张运行格局，集团公司主要精力集中在设好政策、定好机制、组好班子，从组织模式上构建了有效的人力资源核心人才引入机制。

2. 构建有竞争力的年薪制度

专家组通过对房地产行业现状和相当一段时期的竞争态势分析，在薪酬合理的成本测算基础上，按照全国性背景的全行业市场竞争为依据的定价标准，以行业最高定价和最具竞争力的年薪水平作为依据，给予子公司三人团高于同行业标杆企业50%的年薪。该方案提出之初，"三人团"的人工成本在目标效益达成情况下将增加2~3倍，董事长和高管班子都表示难以接受，认为没有必要，经济上也不划算。我们将人工成本相对化处理后，告知董事长，房地产公司的单位销售人工成本率本来就非常低，在薪资、奖金等人工费用上的增加，对公司的总成本几乎没有任何影响，而优质的核心人才对公司的效益却产生巨大影响。最后，该年薪方案获得了集团董事的认可和通过。

在年薪结构上，我们针对"三人团"设置了较高份额的绩效年薪，以保证薪酬的激励强度，具体见表5-4。

表5-4 房地产项目子公司总经理年薪

档 次	A	B	C	D
绩效目标完成	超额完成	完成绩效目标的90%~100%	完成绩效目标的80%~89%	完成绩效目标的70%~79%
绩效薪酬标准（万元）	（1+超出比例）×100；以150万元为上限	100	90	80

绩效年薪中还设计了超绩效目标的分享和激励机制，采用分段累进方式计算，超额完成10%的奖励超额利润的1%；超额完成11%~15%之间的奖励超额利润的1.5%；超额完成16%~20%之间的奖励超额利润的2%；超额完成20%以上的由董事会决定给予特别奖励。

为了形成有效的激励和约束效果，我们在福利机制上做了比较重大的突破，根据子公司高管的实际需求和公司资源优势，设计了购房补助和用车补助方案，达到子公司副总经理以上级别的人，基本上可免首付获得一套房子和一辆汽车，高管自己承担按揭，设置的约束条件是，随着公司的任职时间加长，公司另外设置的住房补贴和用车补贴同步增加，任职达到5年以后，其按揭部分基本上可由公司支付，而且在5年内离开公司需要向公司偿付房子和车子的全部首付。在客观上大大增加了这些核心人才的离职成本，增大了其留任收益。

3. 股权激励

我们另外设计了股权激励方式，以消减核心人才与公司利益的矛盾，实现长期的合作共赢。集团公司决定在每个子公司的股权结构中，拿出20%作为激励性股票，用于"三人团"及其他骨干人才激励,其中规定,"三人团"的股份不得少于14%,而总经理不得少于6%,具体股权分配方案根据每个子公司的具体情况采取"一户一策"设计。股权价格主要依据子公司的净资产,以原始价格优惠购买,有些优秀人才由于个人资金缺乏时,公司还酌情提供贷款支持。

5.8.4 方案实施效果

该方案实施后,公司的人才流失和短缺瓶颈现象立即突破,湖南乃至全国同行业的优秀人才纷至沓来,专家组通过严格的招聘遴选程序,为各子公司配备了优秀的"三人团"班子,同时也对原核心岗位人才进行了必要的调整和充实,公司进入快速发展轨道。三年时间,公司的年均增长率达到138%,公司一跃成为本省的龙头房地产企业,在中南地区也具有核心地位,公司利用这一轮房地产增长机会,实现了跨越式发展的战略目标。

5.8.5 案例解析

本案例源自笔者长期作为管理顾问陪伴其成长和发展一家房地产企业,2007—2009年是该企业快速发展的关键时期,整个房地产行业一片兴旺,几乎所有的上市公司都进入房地产,行业人才竞争空间激烈。洞庭湖集团在各个城市拿下了不少好的地块,正雄心勃勃地实施跨越式发展,而核心人才成为其最主要的制约因素。作为人力资源专业工作者的公司管理顾问,笔者责无旁贷地带领团队帮助企业解决这一瓶颈问题,案例几乎全真地介绍了解决方案的要点。随后的企业发展事实证明,该方案尽管简洁但十分有效。

评价:成长型企业的核心人才引进常常面临薪酬竞争力不足、缺乏平台、缺乏长效留人机制等主要问题。本案例首先从组织模式入手进行变革,将原有的类似金字塔式的组织模式转化成母子公司模式,将权责重心下移到各个子公司,"制造"出诸多公司高层管理平台,为引进人才腾出"空间"。通过机制优化设计,让每一个子公司形成一个"总经理+营销副总+工程副总"的"三人团"管理模式,重点设计好这三个人的权责体系和利益机制,包括具有足够竞争力又兼具足够压力和动力的以绩效年薪为主导的年薪制,同时,通过效益奖励和股权激励有效地解决了核心管理者和公司的长期利益共同性问题,实现了短期激励有力和长期激励有效的双重目标。由于我们在该公司推行了这种高薪和强激励措施,公司几乎可以轻松地吸引到本地区任何一个被认为优秀的核心人才,并且可以按照严格的管理制度和更高的绩效目标予以使用,公司突破核心人才瓶颈,完美地达到了跨越式发展战略目标,而且为随后房地产行业低谷期的顺利发展奠定了有效基础。

使用说明:该案例针对成长型房地产企业存在的核心人才瓶颈问题提出的解决方

案，对成长型民营企业有较大的借鉴意义。更重要的是该方案中针对行业和企业特征所采取的方案和设计思路，对各类企业解决人力资源瓶颈都有很好的启发作用。提醒企业家和管理者注意的是，不要被表面数据和成本高低所迷惑，要善于根据实际情况创新人力资源管理方法，能出奇招才能出奇制胜。

案例研讨：

1. 为什么房地产公司在过去快速发展时期会出现核心人才普遍短缺的现象？现在还有哪些行业会出现类似的状况？你认为有哪些方法可以解决该类企业发展的核心人才瓶颈问题？

2. 除了从人才引进的"平台"角度外，本案例中的母子公司模式还有其他什么好处？

3. 站在当下的角度，你认为本案例中的解决方案存在什么问题，该怎么应对？

第6章 并购后的人力资源管理整合

企业并购（Mergers and Acquisitions，M&A）包括兼并和收购两层含义、两种方式，即企业之间的兼并与收购行为，是企业法人在平等自愿、等价有偿基础上，以一定的经济方式取得其他法人产权的行为，是企业进行资本运作和经营的一种主要形式。现有的研究文献表明中国并购市场的效率与西方学者的理论预期及经验证据大多是相反的，Jensen and Ruback[1]考察了并购能使目标公司股东获得较大的超额收益，且显著提高目标公司的价值，大部分学者一致认为并购能带来公司业绩提升，实现财富效应[2][3]，而中国并购市场的效率及整合效率却依然低下，为什么中国并购市场的效率与西方的经验证据相反？为什么在中国会出现并购绩效悖论？其中重要问题就是并购后整合效率不高。大量的研究显示，并购后整合的失败是导致并购失败和并购目标难以达成的主要原因。

6.1 内涵与概念

完整意义上的企业并购应该包括并购前的规划、并购中的交易和并购后的整合三个阶段。并购效率实际上应该来源于两种性质、范畴完全不同的活动和过程：一是单纯的并购活动，从经济学上体现为并购交易效率；二是并购后的整合活动，这更多表现为管理活动，从管理学上体现为并购整合效率，反映并购后公司如何实现价值增值，并购企业与目标企业如何建立联合价值创造机制[4]。

并购整合（Merger and Acquisition Integration）是指为使并购双方各要素更好地融为一体，对组织的成长和盈利能力进行扩散、累积、转移及保护并最终实现并购目

---

[1] Jensen Michael, R. S. Ruback. The Market For Corporate Control: The Scientific Evidence [J]. Journal of Finance, and Economics, 1983 (11): 5-50.

[2] Allen F, Oian J, Qian M J. Law, Finance, and Economic Growth in China [J]. Journal of Financial Economics, 2005 (77): 57-116.

[3] Bai C E, Lu J Y, Tao Z G. Property Rights Protection and Access to Bank Loans: Evidence From Private Enterprise in China [J]. Economics of Transition, 2006 (14): 611-628.

[4] 高良谋. 购并后整合管理研究——基于中国上市公司的实际分析 [J]. 管理世界, 2003 (12): 107-114.

的的过程。Sudarsanam（1995）认为，并购过程只发生了价值转移或重新分配，本身并不创造新价值，并购中价值创造源于并购后双方的整合及其他活动，并购整合是并购价值能否成功实现的主要决定性因素[1]。根据 Pablo（1994）的观点[2]，整合（Integration）是指并购组织在文化、结构和体制以及功能性活动安排上所做的变革，目的是促进并购组织成为一个功能性整体。整合水平（Level of Integration）则指在组织技术、管理和文化结构上的后并购变革程度。

人力资源是企业各种资源要素中最活跃的因素，并购后人力资源的整合相对于组织结构、战略系统、有形资源等的整合要复杂得多，若整合不当，则会给企业带来直接的负面影响。这主要是因为并购将给企业员工带来很大的震动，例如，工作安全问题、新环境适应问题、同事之间的人际关系问题都可能给员工带来焦虑和压力[3]。由并购引起的员工焦虑和压力，将导致员工旷工，并引发关键员工的流失。人员的流失特别是高层管理者的流失不仅直接损害企业的能力，而且在留下来的员工中引起负面的反应，降低生产效率，进而影响并购绩效。并购整合中人力资源整合是指并购企业在人力资源方面所做的变革，包括人员整合和人力资源管理实践整合两个方面。人员整合指并购组织在人员方面所做的变革。具体包括员工留任、岗位和升迁上的变革。人力资源管理实践整合指并购组织在人力资源管理实践上所做的变革，即在岗位设计、招聘与甄选、培训开发、薪酬管理、员工关系上的变革[4]。人力资源整合水平则是指并购企业在人员和人力资源管理实践上的变化程度，即并购后组织成员在留任、岗位和升迁上的变革程度和组织在岗位设计、招聘与甄选、培训开发、薪酬管理、员工关系上的变革程度[5]。

6.2 主要整合模式

按照被并购企业和并购企业双方人力资源管理改变程度进行划分，企业并购后的人力资源管理整合类型分为四种模式：注入式整合、融合式整合、保护式整合和促进式整合，如图 6.1 所示。

---

[1] Sudarsanam P S. The essence of mergers and acquisitions [M]. New Jersey: Prentice Hall, 1995: 230.
[2] Pablo A L. Determinants of Acquisition Integration Level: A Decision - Making Perspective. Academy of Management Journal, 1994, 37 (4): 803 - 836.
[3] Bruno A F, Bowditch J L. The Human Side of Mergers and Acquisitions: Managing Collisions Between People, Cultures, and Organizations [M]. New York: Jossey _ Bass Publishers, 1989.
[4] 雷蒙德·A. 诺伊, 约翰·霍伦拜克, 拜雷·格哈特和帕特雷克·莱特. 人力资源管理：赢得竞争优势. 刘昕, 译. 北京：中国人民大学出版社, 2001.
[5] 颜士梅, 王重鸣. 并购式内创业中人力资源整合风险的控制策略：案例研究 [J]. 管理世界, 2006 (6): 129 - 140.

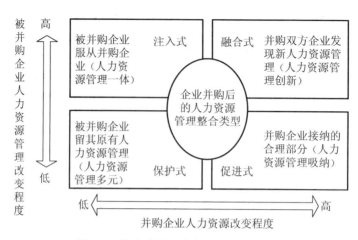

图 6.1　并购后的四种人力资源整合模式

6.3　整合路径

企业并购后必须按照合理的程序进行人力资源整合，基本的人力资源整合程序即路径如下，如图 6.2 所示。

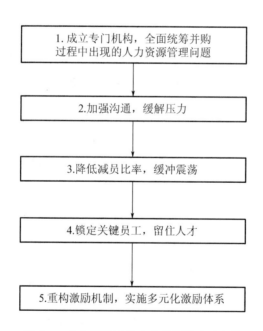

图 6.2　企业并购后的人力资源整合路径①

---

① 许明哲. 民营企业并购国有企业后的人力资源整合分析［J］. 经济纵横，2009（10）：99－101.

1. 成立专门机构，全面统筹并购过程中出现的人力资源管理问题

并购项目组的负责人应从并购企业内的高、中层管理者中选拔，且必须具有较强的领导能力和学习能力，还要具备一定的并购经验和专业经验，能够获得企业内部声望和权威。

2. 加强沟通，缓解压力

通过沟通，让员工清楚整个并购的大致情形，如股权的变化、未来的经营方向等。只有通过充分与坦诚的沟通，才有可能保证来自不同企业文化、不同运作习惯甚至不同经营理念的两家公司的员工与领导层之间、员工之间的互相理解与协作，才有可能融合两家企业员工的文化成为一个崭新的、健康的新企业文化。

3. 降低减员比率，缓冲震荡

为了避免并购后可能产生的人员震荡，对被并购方的员工应避免采取强硬的解聘政策，而尽量采用留用安抚的手段，防止被并购方员工因情绪波动而产生过激行为，影响企业的正常运营。

4. 锁定关键员工，留住人才

并购方在并购行为正式开始前，就应该通过各种方式获取被并购企业的关键岗位员工和骨干员工的名单，尽快与之正式沟通，告知公司未来的发展方向，并根据能力结构、个人发展目标、工作经验等要素承诺其未来在公司的位置，同时，在并购后的企业管理上应尽可能地使用原企业的员工，降低人员磨合成本，从而使并购方以最快的速度掌握并购企业的核心资源，缩短整合时间，降低整合成本。

5. 重构激励机制，实施多元化激励体系

在实施统一的考核与激励机制之前，企业可以允许在一定的过渡期里两种考核办法与激励机制共存，之后再逐步完善激励、考核体制。

6.4 典型案例：民营控股上市公司对国企并购后的人力资源整合难题
——江北船舶制造控股公司并购西北电子公司

6.4.1 并购背景

1. 并购对象

西北电子公司（以下简称西电）成立于1985年，注册资本23 474.725万元，截至2015年10月，公司资产合计272 975.440万元，是原电子工业部最早建立的半导体器件厂家之一，也是我国第一批研制生产微波电路及器件的骨干企业，亦为我国军用微波电路的主要生产定点厂家，原受中国航空技术深圳有限公司管辖，与某两所一起被称为行业内的"二所一厂"，共同排名国内前三。2014年度西电营业外收支异常，主要是因为西电承担了原控股子公司发生的担保支出156 661.404 5万元，导致企业濒临破产。由于该企业本身资质、市场状况、盈利能力、发展前景良好，当地国资委基于保障地方经济、员工就业和社会稳定的考虑，在该企业剥离问题资产后，组织当地各种力量贷款帮助它渡过难关，但是不得不将企业产权挂牌拍卖，用以偿还贷款。

2. 并购发起企业

江北船舶制造控股公司（以下简称江船控股）创立于2004年，其控股的主体企业江北船舶制造股份有限公司（简称江船股份）2009年在创业板挂牌上市。江船股份主要从事高性能复合材料船艇设计、研发、生产、销售及服务，为客户提供从方案设计、产品制造到维修服务等业务，产品主要依靠订单和定制化生产。公司注册资本49 784.69万元，产品远销海内外。截至2015年10月，上市公司拥有资产343 786.08万元。江船控股是由江船股份实际控制人掌控的主要进行投资及经营船舶制造相关业务的综合型企业，江船股份的实际控制人通过江船控股持有江船股份的股权。

3. 并购操作主体

本次并购是由江船控股发起，通过成立一个私募基金，再由该基金为主体发起成立新的公司即江北新材料有限公司（简称江北新材）的方式实施并购，计划并购后再由上市公司通过定增募资方式购入并购标的，实现上市公司的资产结构优化和产业双主业模式。本次交易前，江船股份的主营业务收入主要来自复合材料船艇制造，面对航运市场持续萧条、国际船市低位震荡、全球造船产能严重过剩等困难，全行业经济效益面临较大压力，航运业及造船业作为长周期行业，景气程度出现明显回弹尚需时日。江船股份 2013 年、2014 年以及 2015 年 1—9 月营业利润分别为 −242.55 万元、1 572.45 万元和 846.45 万元，净利润分别为 2 273 万元、1 634 万元和 978 万元，在内生增长乏力的背景下，江船股份试图通过外延并购寻求新的业绩增长点。而国防工业是国家经济发展的重要保障，在周边环境日益复杂的背景下，中国国防支出有望保持稳健增长，特别是军工电子等领域，将长期受益于国防信息化建设，行业增长趋势明确。因此，2015 年，江船控股与其余 9 家公司联合成功收购西电。

4. 由上市公司购入的必要条件

为了顺利实现将收购标的西电顺利装入到江船股份，根据上市公司的监管规制，被收购的西电必须有足够的业绩增长，为此实际控制人必须做出相应的业绩承诺，承担相应的赔偿责任。由于收购时在资产净值的基础上实现了近 8.25 倍的增值，所以业绩承诺的压力很大，西电公司在 2014 年的营业收入为 135 405.6 万元，净利润 21 012.75 万元，按测算，西电被并购后三年总利润不低于 11.67 亿元，若未达到前述承诺，江船控股将按照约定对上市公司予以补偿。同时，西电也承诺完成在 2015 年的承诺利润数不低于 21 177.52 万元，否则江船控股按照相关约定对西电 2015 年的利润缺口予以补足。

5. 上市公司完成并购后的预期效果

本次交易完成后，江船股份的业务结构将得到显著优化，持续经营能力、盈利能力和抗风险能力明显提升，未来有望实现稳健快速的业绩增长。据 2015 年 5 月江船股份发布的公告数据显示，截至 2015 年 5 月，本次交易完成后的上市公司总资产规模将增加 736 497.498 万元，归属于上市公司股东的净利润增加 4 518.69 万元。本次交易完成前，上市公司基本每股收益为 0.049 5 元；本次交易完成后，上市公司基本每股收益为 0.099 元，公司的营业收入、净利润、扣除非经常性损益基本每股收益等指标均将得到提高，公司的抗风险能力和盈利能力进一步增强。

6.4.2　并购后整体整合方案设计

企业并购后的有效整合是一个重大的、也是专业性极强的问题，事关整个并购的成败和并购目标能否达成，为此江船控股和实际控制人胡总专门邀请中南大学人力资源研究中心项目组负责并购后的整合方案设计和实施指导。

1. 并购整合前的诊断

中南大学项目组组织专家团队按照专业化要求的流程分别对江北船舶和西电及其主营业务所涉及的行业进行了专门的调研和诊断，历时3个月后，给出了并购整合的总体思路和框架性方案，首先形成了系列的诊断报告，包括《企业战略差异性评估报告书》《企业文化差异性评估报告书》《企业管控模式差异性评估报告书》《企业人力资源管理体系差异性评估报告书》，主要内容见表6-1。

表6-1 各差异性评估报告书主要内容

名　称	主　要　内　容
《企业战略差异性评估报告书》	1. 双方企业发展战略方案及现阶段特征评估
	2. 西电现阶段特征对管控模式、企业文化以及人力资源管理体系的需求分析
	3. 江船股份与西电战略的融合与冲突状况分析
《企业文化差异性评估报告书》	1. 双方企业文化渊源、背景、环境分析
	2. 双方企业文化诊断与评估（精神文化、制度文化、行为文化）
	3. 江船股份与成都亚光企业文化的融合与冲突状况分析
《企业管控模式差异性评估报告书》	1. 西电组织现状调查与组织诊断（组织效率、组织与战略的匹配性）
	2. 西电管控模式现状诊断（责任中心、治理结构）
	3. 江船股份与西电管控模式的融合与冲突状况分析
《企业人力资源管理体系差异性评估报告书》	1. 军工行业人力资源特征分析（人力资源结构、人力资源市场价格规律、员工流动性）
	2. 国有企业与民营企业人力资源特征对比分析
	3. 人力资源管理体系现状与运行效能诊断（组织与岗位设计、工作分析、考核体系、薪酬体系）
	4. 江船股份与西电人力资源体系的融合与冲突状况分析

2. 并购整合的框架方案

在差异性评估报告书的基础上，中南大学人力资源研究中心专家组历时5个月的调查研究，通过企业内外横向纵向对比分析，最终设计了一套系统的整合方案，主要内容见表6-2。

表 6-2 系统整合方案主要内容

名　　称	主　要　内　容
企业战略整合设计	1. 企业战略整合层次的选择（使命和目标、总体战略、经营战略和职能战略）
	2. 战略整合方案设计（战略审视和评估、新战略重塑、新战略实施）
企业文化整合设计	1. 文化整合模式的选择
	2. 文化审视和评估
	3. 新文化重塑（理念层面的文化系统重塑、企业组织模式和管理体制的系统重塑、企业外在形象的系统重塑）
	4. 新文化传播、推广
	5. 新文化的调试与拓展
企业管控模式整合设计	1. 组织各层级功能重新定位
	2. 管控模式重新设计（责任中心重新划分、整体管控模式重新选择设计）
企业人力资源体系整合设计	1. 外部整合
	2. 内部整合（观念整合、人员整合、人力资源政策整合）

6.4.3　人力资源整合主要内容

通过前期调研分析，两家公司行业差异、文化差异显著，人力资源管理研究中心的综合管理能力和剩余资源水平与西电相比没有形成显著的优势，也未构成足够的正向位差，因此中南大学人力资源研究中心建议江船股份在整合初期选择"保护式"人力资源整合模式，支持被并购企业保有其原来的人力资源管理实践，之后再循序渐进、有的放矢地进行制度调整和人员安排。

企业并购后的人力资源整合工作是一项系统工程，各个整合环节环环相扣，任何环节的疏漏都会导致人力资源整合的失败，所以要解决并购中的人力资源管理问题，必须内外部整合相结合，再深入进行观念整合、人员整合和人力资源政策整合，人力资源整合框架如图 6.3 所示。

1. 外部整合

并购前，并购双方高层管理者对并购后企业的愿景进行充分的沟通，达成共识。整合计划要明确体现并购后企业的愿景，高层管理者要向员工清楚地解释此次并购的目的和意义，把共同愿景准确地传递给员工，让员工接受并理解。

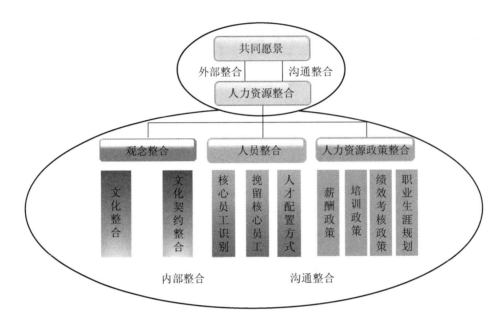

图 6.3 企业人力资源整合框架

2. 内部整合

(1) 观念整合。进行双方文化整合,重建心理契约。

(2) 人员整合。首先建立关键员工识别机制,通过岗位战略权重测评、战略性绩效测评、战略性替代难度测评等,如图 6.4 与图 6.5 所示。其次积极挽留被并购方的核心员工,方式有:为关键员工做好职业生涯规划、制定客观公正的工作业绩评价制度、提供多条平等的升迁阶梯、创造优良的工作环境、建立高效的激励机制等。通常的激励方式一般包括:①采用员工持股计划和股票期权,实施股权激励;②工作内容激励,可以通过工作丰富化和工作内容延展、定期轮岗等措施来实现工作内容激励;③具备市场竞争力的薪酬,具备市场竞争力的薪酬应当能够让员工不仅在企业内部而且在行业中同业相比能够产生满足感。

(3) 人力资源政策整合。吸收被并购方人力资源管理政策上的优秀经验,促进员工对公司人力资源政策的理解。

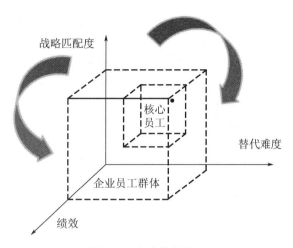

图 6.4　企业核心员工

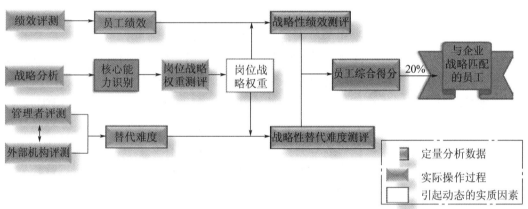

图 6.5　企业核心员工动态识别模型

【对照彩图】

6.4.4　方案实施

中南大学人力资源研究中心将差异性评估报告、整合整体方案等报告交给江船股份董事长胡总后，胡总及其团队对差异性评估报告和整合思路高度认可，对操作方案也没有提出更多的意见，很快该方案进入实施阶段。可是，实施过程问题和矛盾逐步凸显。按照项目组的思路和方案，第一阶段江船控股并不过度介入西电的内部管理，主要做战略、理念、文化的融合工作，只对西电目标提出要求，对高管团队目标责任做出规范并予以有效激励。但是，江船控股派驻的现场工作团队逐渐沉不住气，加上第一季度的业绩相比上一年同期下滑，迫于转入上市公司的业绩压力，胡总也开始沉不住气了，方案实施到第三个月时，一件小事触发了整个方案实施的改变。江船控股公司财务总监带着工作团队到西电公司进行例行财务检查时，发现各二级单位每年都会对利润进行调控,将利润留成的部分实行以丰补歉,第一季度几家分厂/子公司都没有完成预期的业绩目标,而其效益奖的审批报告却递送到了财务总监手上,额度还不小。该事件引起了胡总的高度警觉和强烈不满,认为公司绩效目标没达成还能拿到可观的效益奖金,这是对股东权益的侵害,公司内部管理存在着巨大问题,蕴含着极大风险。胡总通过两天的会议,立即决策:将江船控股的全套管理模式,包括流程、表单全部导入西电公司,并立即派出若干个工作小组进驻西电,轰轰烈烈的"注入式"人力资源整合模式也全面展开。随后的两个月,西电公司的组织架构被重构,业务流程被重建,原有的各项管理制度被废止,新的管理制度一项一项出台。进入第八个月,西电公司和江船控股的工作冲突和矛盾普遍激化,9家分厂/子公司的总经理离开了3个,还有一大批业务骨干辞职,公司的业绩水平较上年度下降了45%,眼看着年度业绩增长目标几乎不可能达到,中南大学项目组不得不再次进驻西电公司。

中南大学项目组调研发现:江船控股董事长胡总对西电采取了强制的"注入式"整合模式,试图向被并购企业完全植入自身企业管理模式和制度,当然也包括全套的人力资源管理模式。但由于江船股份传统制造业企业的性质,人力资源管理实践比较重视表单管理和流程管控,而西电原是一家国有企业,一直沿用"分厂制核算"管理,实施目标责任制管理,公司总部对其具体管控很少,每个分厂/子公司都是相对独立、有充分自主空间的利润中心,这是西电公司过去有足够市场竞争能力的关键所在。而江船控股是船舶制造企业,其内部实施的是直线职能式管控,各个二级单位只是生产制造和成本中心,是在公司统一的管理制度和业务流程下完成其工作职责。这种模式被强势移植到西电公司后,完全破坏了西电原有的运行机制,各分厂/子公司的市场能力和运行活力严重窒息,企业难以有效运转,部分骨干员工难以接受而辞职,企业效益快速下滑,企业已陷入动荡之中。项目组专家与胡总沟通,胡总也感到很无奈,他告知专家组,要想实现上市公司收购西电、真正达到本次并购对股份公司产业结构优化的战略目标,西电公司必须实现的业绩目标为:2016年度净利润不低于26 758.46万元、2017年度净利润不低于37 103.28万元以及2018年度净利润不低于52 864.75万元,其相应年增长率必须达到26.35%、38.66%、42.48%以上,见表6-3。

表6-3 营业收入和净利润对比

单位:万元

	2015年度	2016年度	增长率
营业收入	135 405.6	170 610	25.99%
净利润	21 177.52	26 758.46	26.35%
净利率	15.64%	15.68%	0.25%

看着2016年的1—8月份的-45%的增长率这一数字,胡总的焦虑和压力可想而知。项目组对公司的增长潜力进行了评估分析,发现过去5年公司销售额增长平均为

13.2%，利润增长平均为 10.8%，效益最好的是 2013 年，销售额增长 16%，利润增长 18%。由于西电公司主要是依靠政府和军方采购，市场的弹性空间并不大，受国家政策的影响极大，企业在市场上并没有多大的空间。项目专家组通过对未来宏观经济和政策环境的判断分析认为，尽管政府和军方在未来三年的国防支出和采购总量是增加的，但西电公司的产品不符合军方需求的主导方向，其采购量反而会略有下降。专家组以书面报告形式慎重地告知胡总，要依靠西电公司自身的增长达到上市收购所要求的业绩目标几乎不可能，过分急躁不仅不会实现高速的增长，反而会破坏原有的正常生产和运营功能，导致效益的大幅度下降，专家组的建议是：对西电继续奉行"保护式"整合的思路，另外通过新的并购，以增量方式补足绩效目标的差额，并设计了新的连锁式并购方案（此略）。

6.4.5 原方案的调整思路

考虑到江船控股已经在西电公司实施了 4 个月的"注入式"整合的现实情况，项目组对原人力资源保护式整合思路和方案进行了相应的修订。其核心内容如下所述。

（1）在西电成立一个以董事长牵头、包含外部专家和内部高管的整合领导工作小组，全面统筹由于并购过程中出现的各种人力资源管理问题并保证及时有效决策。整合领导工作小组必须履行好以下职能：制订和完善人力资源整合计划，全盘控制推进人力资源整合进程，对新的人力资源政策和目标进行解释和宣导，处理临时性的人事问题和人事冲突。

（2）选派核心管理人员，包括公司总经理、财务副总等到西电就任，监管公司的关键业务、市场往来、内部财务和现金流动，防止新的制度孤军介入，核心人员配置不到位，降低运营效率，或者由心理冲突和利益冲突导致的资源流失或业绩快速下降的问题。

（3）基于三年业绩承诺的压力，江船股份重点在于激励西电若干关键人物，通过设置高效的目标责任制促使他们发挥潜力，采取措施，将组织目标压力传达到企业内部，让其自动优化管理，提升效益，达成目标。

（4）与其他电子企业相比，西电整体工资水平偏低，很难吸引和留住优秀人才。因此在并购初期江船股份应尽可能地降低主动减员的比例，且由于三年内需完成较高业绩目标，江船股份可酌情提升西电员工待遇，使其从心理上更容易接受江船股份的制度安排和考核目标。

（5）在实施统一的考核与激励机制之前，企业可以允许在一定的过渡期里两种考核办法与激励机制共存，当然也需优化原有的绩效考核体系，不单单依靠利润指标来考核单位和个人，可以增加财务、客户、内部流程等指标，注重企业长期利益和短期利益的结合。随着整合过程不断深入，可以逐步消除差距，建立统一的激励、考核体制，在统一的标准建立后，企业应该对所有的员工一视同仁。

（6）公司需经常组织思想座谈会和个别谈心活动来加强双方沟通、缓解压力，力图在保证西电业务高效运转的情况下提高两者融合程度。双方企业需经常进行交流和沟通，让双方员工清楚，并购的目的在于双方企业谋求更好的资源配置，寻求更大的发展空间，会给员工带来新的岗位和提升机会，产生新的发展机遇。

6.4.6 案例解析

企业并购后的有效整合是管理学的重大理论和现实难题，美国贝恩咨询公司关于失败并购企业的调查表明，80%的并购失败发生在企业并购后的1~3年整合期内；美国人力资源管理协会（Society for Human Resource Management）调查发现，导致企业并购失败的五大主要因素中，有关人力资源因素占三项：员工积极性、文化冲突、核心人员流失。可见，并购后的人力资源整合是事关企业并购成败的重大问题。江船股份并购西电属于典型的民营上市公司并购国有企业，由于制度性差异，进而形成的文化、管控模式和人力资源管理的重大差异，并购整合难度更大。我们项目组在介入该并购整合项目之初，就深感并购主体与并购方差异太大，整合的难度也大，提出将此作为重大专项工程，引进国内甚至是国际一流专业机构，严格遵循专业化流程、采用专业化的方法协助完成整合过程，确保并购整合的成功，达到预期的并购效果。遗憾的是，该思路未能得到并购方决策层的高度认同和采用，在犹豫再三的情况下，本着尽力而为的思想介入该企业的整合过程，试图力所能及地为企业整合尤其是人力资源整合化解风险，尽绵薄之力，但我们专业工作团队与并购主体之间的工作整合本身就困难重重，这些都构成了本案例的重要价值和意义所在。

评价：江船控股并购西电公司是典型的民营控股上市公司并购国有企业的案例。本案例呈现了并购后整合的各种矛盾和冲突，并重点阐述了人力资源整合过程的问题和解决方法，具有很强的现实意义。企业并购后的整合是一个系统工程，有效的人力资源整合并不能绝对促进企业并购的顺利实现，但失败的人力资源整合必然导致并购目标难以达成，甚至使并购双方企业陷入困局。由于民营控股上市公司董事长的个人意愿和特质对企业影响甚大，如何说服企业董事长遵循规律、按部就班地完成整合过程是一个现实难题，本案例中的项目专家组和企业董事长的博弈可谓困难重重，尽管开始的方案得到了董事长的高度认可，但实施过程中很快就因客观原因导致了重大偏离，对整合效果造成重大影响。导致这种失误的重要原因是项目组因成本原因未能按预期设想全程参与整合方案实施过程，后来又不得不重新介入企业整合过程，说明整合过程中外部专家团队与整合主体企业董事长及高管的有效合作机制设计本身就是一个重要问题。本案例的背景项目实际上是一个全套的并购整合方案及其实施过程控制，在案例编写过程中，将背景和相关方案做了必要的介绍，而主要抽取其中的人力资源整合部分，显得信息量较大，涉及面较宽，需读者细心阅读、仔细思考。

使用说明：本案例中的项目组选择的是"保护式"人力资源整合模式，而非"注入式"人力资源整合模式,其原因如下。第一,"注入式"人力资源整合模式意味着并购双方成员从心理上认可新组织,但从并购契约的签订到心理上的真正认可往往需要一个较长的过程。当并购双方的文化差异比较大、人力资源整合目标是高水平整合时,这一过程将更加漫长和艰难;第二,"注入式"人力资源整合模式往往意味着并购中一方原有规范完全被抛弃或部分被抛弃,这样,此方成员会产生不适应、焦虑、甚至难以接纳的感觉,心理负担很重。另外,新规范确立的过程中,原有成员会面对更多的不确定性,其职位、薪资及职业发展路径都可能会受到影响,很难稳定人才队伍;第三,"注入式"人力资源整合模式实施起来需要较长的磨合期和适应期,在磨合和适应期中,组织成员往往不能有效投入到工作中,会对并购后企业近期绩效产生负面影响,难以达成业绩目标。

需要提请读者注意的是,江船控股对西电的并购只是一个过程,它并不想持有西电公司,而是想将西电公司通过上市公司江船股份以定向增发的方式购入,使之成为上市公司的重要业务模块,该过程受到上市公司监管规则的严格制约,对购入标的的价格和业绩水平有相应的要求,引发了并购方对并购后的业绩目标的一系列明确诉求,这是导致江船控股并购西电整合过程中偏于急躁,中途更弦易张,采用"注入式"整合的重要原因之一。

案例研讨:

1. 面对中南大学人力资源研究中心新提的调整方案思路,你认为江船股份董事长会接受吗?

2. 如果你是江船股份的董事长,你认为怎样安排此次并购后的整合方案、整合模式和整合路径才更合理?

3. 不同的并购整合方式适用于不同的公司类型,此案例适用于整合初期。随着整合的深入,应该如何调整整合模式?

第 7 章 家族企业的现代化转型

在 20 世纪 80 年代之前，学术界对于家族企业研究的漠视令人惊讶。[①] 学术界真正较为密切地关注家族企业要追溯到 20 世纪 80 年代中期。[②] 20 世纪 90 年代末，家族企业研究逐渐成为独立的学术领域，直到进入 21 世纪，随着对家族企业经济地位的日益了解和重视，学者们的目光才开始聚焦于这个曾被长期冷落的领域。而在我国，现代意义上的家族企业诞生于 20 世纪 80 年代，相关研究则始于 20 世纪 90 年代。在 30 年左右的时间里，国内的家族企业研究已开始成长和发展，并涌现出了许多经典的研究文献。尽管如此，我们目前对于中国的家族企业研究还缺乏系统性的梳理，对于国外研究的特征和发展趋势尚缺乏足够的了解，对于如何借鉴国外经验并更好地推进我国的家族企业研究也缺乏足够的认识[③]。日趋复杂多变的外部市场环境促使我国越来越多的家族企业走上"转型"之路，转型的阵痛吸引着越来越多的学者和企业家关注家族企业问题。家族企业转型过程中如何权衡取舍社会情感价值和经济价值，如何兼容职业化管理和家族伦理，家族企业如何创造有价值的、稀缺的、无法模仿的、无法替代的（VRIN）资源，家族涉入对企业产权和机会主义行为会产生什么影响，员工持股、海外上市或引入外资股东能否减弱家族企业受行政干预的影响[④]，家族企业如何有效实现代际传承等，都成为时下管理学界普遍关注的热点问题。从人力资源管理角度上看，家族企业的转型在相当程度上涉及的是核心的人力资源管理理论和现实问题，不容不高度关注。

7.1 家族企业界定及其模型

在对家族企业的早期研究中，很多学者从家族对企业的所有权、管理权和代际继

[①] Bird B, Welsch H, Astrachan JH, Pistrui D. Family business research: The evolution of an academic field [J]. Family Business Review, 2002, 15 (4): 337-350.

[②] Casillas J, F Acedo. Evolution of the Intellectual Structure of Family Business Literature: A Bibliometric Study of FBR, Family Business Review, 2007, 20 (2): 141-162.

[③] 魏志华，林亚清，吴育辉，李常青. 家族企业研究——一个文献计量分析 [J]. 经济学, 2013 (13): 28-54.

[④] 陈凌，王萌，朱建安. 中国家族企业的现代转型——第六届"创业与家族企业成长"国际研讨会侧记 [J]. 管理世界, 2011.

承等角度对家族企业进行界定，但对这些具体评定标准存在争议，如 Church（1969）认为家族要拥有完全所有权[①]，而 Donckels 和 Frohlich（1991）提出家族拥有企业 60% 以上股份的即为家族企业[②]。随着对家族企业的深入研究，西方不少学者已经从企业所有权、管理权和代际继承等具体指标的争论中摆脱出来，而试图从家族对企业的影响程度和家族企业的连续指标测量来对家族企业进行界定。

7.1.1 三环交迭模型

三环交迭模型（Overlapping Three-Circle Model）清晰地描述了家族企业股东、家族成员和公司雇员间复杂的相互关系，Sharma（2003）进一步发展三环交迭模型并提出家族企业利益相关者界定编码（SMIC）[③]。Sharma 对图 7.1 中 4、5、6 和 7 区按人数区分为无（用"0"表示）、1 个（用"1"表示）和多个（用"M"表示），即 4（0，1，M）、5（0，1，M）、6（0，1，M）和 7（0，1，M），不同组合方式共计 81 种，由此理论上可将企业分为 81（3×3×3×3）种不同的类型，显然，当 4、5 区家族成员数为"0"（有 3×3＝9 种可能）是明显不能称为家族企业，去掉这 9 种可能性，SMIC 可以界定 72（81−9）种不同的家族企业类型。

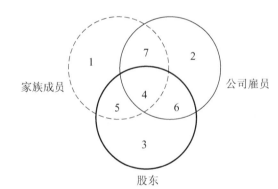

说明：①家族成员（不参与企业经营）；②非家族成员的企业雇员；③非家族成员股东（不参与企业经营）；④在企业任职的家族成员股东；⑤家族成员股东（不参与企业经营）；⑥拥有公司股份的企业雇员；⑦作为企业雇员的家族成员（非股东）。

图 7.1　家族企业内部利益相关人员 7 种角色示意图

---

① Church R A. Kenricks in hardware：A family business，1791−1966. Newton Abbott：David&Charles，1969.
② Donckels R，Frohlich E. Are family businesses really different? European experiences from STRATOS[J]. Family Business Review，1991，4（2）：149−160.
③ Sharma P. Stakeholder mapping technique：toward the development of a family firm typology[R]. Denver：the Academy of Management's annual conference，2002.

7.1.2 家族影响企业程度度量模型（F-PEC）

Astrachan、Klein 和 Smyrnios（2002）认为不应对家族企业和非家族企业进行严格区别，而应对家族企业的影响进行连续评价，提出了一种用来度量家族影响企业程度的工具——F-PEC 模型[①]，如图 7.2 所示。

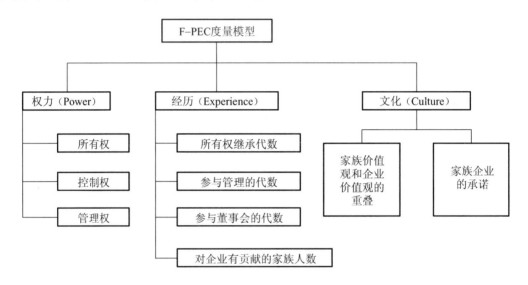

图 7.2　家族影响企业程度度量模型（F-PEC）

F-PEC 模型通过家族所拥有的企业所有权、控制权和管理权来描述家族对企业所拥有的纬度，通过家族参与企业管理的代数和人数来衡量经历纬度，用家族价值观、企业价值观和家族的承诺表示文化纬度。

7.1.3 牛眼模型

Astrachan 和 Shanker（2003）在研究家族企业对经济的贡献程度时，提出了对家族企业进行界定的三种程度不同的定义，即狭义、一般和广义的定义[②]。如图 7.3 所示（因形状像"牛眼"，也称牛眼模型）（Bull's-eye model）。

牛眼模型分三层：内层是狭义定义、中间是一般定义、最外层是广义定义。狭义定义认为家族企业指家族几代人直接参与企业管理，且一个以上的家族成员负有重要

---

① Astrachan, Klein, Smyrnios. The F-PEC scale of family influence: A proposal for solving the family business definition problem [J]. Family Business Review, 2002, 15（1）: 45–54.
② Astrachan J H, Shanker M C. Family businesses' contribution to the U.S. economy: a closer look [J]. Family Business Review, 2003, 16（3）: 211–219.

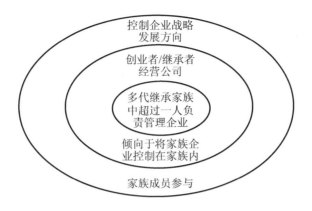

图 7.3 牛眼模型

的管理责任。一般定义是指家族企业的创业者倾向于将企业传继给后代，创业者或继承者管理企业，而其他家族成员不参与企业日常管理，而只是拥有公司股份或仅在董事会工作。广义定义最为宽泛，只要求家族成员参与企业管理，但仅限于掌控企业的战略发展方向。

7.2 家族企业发展的生命周期

Gerisick（1998）[①] 将家族企业的生命周期分为创业期、扩展期、成熟期三个阶段，描述了家族企业不同生命周期阶段家族成员进入企业状况及其控制方式，构建了企业的生命周期与家族企业所有权的三维空间关系，如图7.4所示。

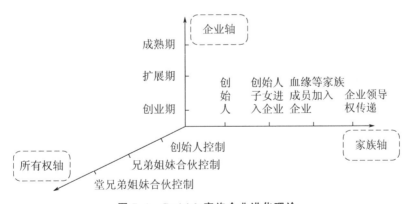

图 7.4 Gerisick 家族企业进化理论

---

① Gersick K E，Davis J A，Marion MC Hampton，Lansberg I. Generation to Generation：Life Cycles of Family Business [M]. Cambridge，MA：Harvard Business School Press，1997.

卡洛克和沃德[①]（2002）设置了行业轴线、组织轴线、个人轴线和家族轴线四个维度，阐述该四根轴线与所有权的交互作用关系，构建了相应的家族企业模型，如图 7.5 所示。

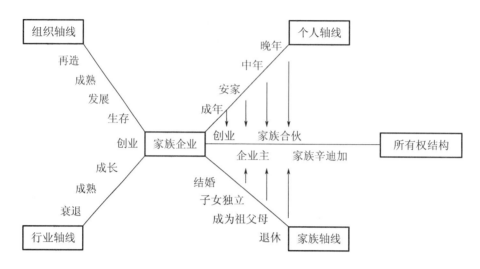

图 7.5　卡洛克-沃德模型

7.3　家族式管理模式和现代化管理模式主要差异

按企业产权制度不同，管理模式可分为家族式管理模式和现代企业管理模式。家族式企业和现代企业制度的最根本区别就是所有权和经营权是否分离，管理决策权是否控制在家族手中。一般认为，家族制管理是所有权和经营权高度合一，主要建立在家族血缘亲情关系基础上，以家长为核心、家族成员为主导，主要凭借个人权威和经验实施的管理[②]。现代化管理模式则通常是指引入职业经理人，所有权与控制权分离，采用专业化、规范化和制度化的管理方式和管理制度，二者的主要差异见表 7-1。

表 7-1　家族式管理模式与现代化管理模式的主要差异点

	家族式管理模式	现代化管理模式
股权结构	家族"一股独大"	股权多元化
目标追求	家族利益最大化	所有者利益最大化
传承选择	家族成员	职业经理人

---

① 卡洛克，沃德. 家族企业战略计划 [M]. 北京：中信出版社，2002.
② 陈高林. 论家族制管理向现代企业管理转变的途径 [J]. 管理世界，2003（10）：115-120、129.

续表

	家族式管理模式	现代化管理模式
信任基础	家族内部信任	外部信任
交易方式	人格化交易，关系治理	非人格化交易，契约治理
管理权威	人治，家长单边权威	法治，管理者权威
决策方式	家长集权决策	经理人专业化决策
人才配置	任人唯亲	任人唯贤

7.4 家族式管理企业终究必须现代化转型

在初创阶段，由创始者控制的家族式管理模式有利于最大效率地聚合资源、最快反应速度地面对市场，构成了强劲的生长优势，有利于创业成功。进入扩张阶段后，由创始人主控诸多家族成员加盟共同合伙控制的家族企业也存在许多优势，由于该阶段的企业规模不是很大、动态性强，企业的各项管理制度尤其是约束机制还很不完善，保持企业的成长活力是关键，家族成员参与管理和控制弥补这种制度性缺陷，亲情背景下的利益共同性有利于降低发展中的风险，家族式管理模式往往具有相当的经济合理性。尤其是作为发展中国家的中国在这种持续快速发展的宏观环境，以及中国悠久的农耕文化背景所奠定的浓厚家族和血缘宗法思想文化背景下，家族企业更有其特有的生存土壤和经济合理性。[①]

但是，根据 Drucker 等的研究，封闭式的家族企业形态将随着经济市场的不断发展壮大及完善而最终由企业内部"两权合一"向"两权分离"转变，逐渐演进成为现代家族企业甚至进一步转型成为公众公司。随着我国家族企业走过初创期，同时市场交易规则逐渐被认可和遵从，人们的信任半径空前扩展，非人格化交易极大提升了法制基础上的市场容量，分工的细密性促使家族企业仅依托家族本身资源的经营模式越来越不能满足发展的需要，因为随着企业规模的扩大，也随着国家宏观市场环境的日益成熟，家族企业的弊端日益显现，中国家族企业的现代转型势在必行。综合而言，中国的家族企业转型是基于以下四个方面的内在需要：一是增长的需要，家族企业发展到一定规模的时候，就面临要突破的瓶颈，或继续局限在资源来源于家族内部的传统模式，或者依托社会资本，吸收家族外部的金融财务资本、人力资本和关系资本，实现现代化转型；二是传承的需要，第一代成功企业家正在悄悄地功成身退，中国的家族企业陆续进入换代高峰；三是国际化的需要，在经济全球化的背景下，中国的家族企业必须走出去才能更好地生存和发展；四是可持续发展的需要，与现代发达市场

---

① 颜爱民．中国情境下人力资源管理十二讲［M］．北京：北京大学出版社，2018．

经济国家的企业相比,中国的家族企业寿命偏短,"富不过三代"一直是困扰中国家族企业成长发展的重大难题①。从人力资源管理角度看,由于家族内部的资源有限,单纯在家族成员中选择人才会使得选择面越来越窄,可用人才越来越少,这将成为制约家族企业持续增长的重要人力资源供给瓶颈。有人期望在企业中一方面实行家族成员为主导的绝对控制,另一方面又大量引进和使用优秀的职业经理人,这在操作上是有实际困难的,因为以家族成员为主导的控制模式,会在客观上形成企业内部对人评价和使用的"二元"标准,事实上对外部优秀人才形成歧视,导致优秀人才难以引进,更难以有效地留用①。从长远看,中国的家族企业进行现代化转型势在必行。

7.5 典型案例:湖南三森信息公司现代化转型过程中的管理问题

7.5.1 公司基本情况介绍

1. 公司简介

湖南三森信息系统工程有限公司是一家集计算机软/硬件产品的研发、销售、服务为一体的高科技企业。公司成立于 2003 年,是湖南建筑智能化远程、UPS 电源、精密空调等机房动力环境设备最具规模的专业公司之一。公司经营产品主要有 UPS 电源、机房空调等机房动力环境全线产品以及视频监控、安防、门禁、一卡通综合弱电集成,致力于为用户提供先进、适用的信息技术应用并结合高品质的产品、专业服务,打造"替人省心、让人放心"的品牌服务公司。目前拥有员工 150 人左右,销售额达 3 800 万元,每年净利润 400 万元左右。

2. 公司的创立与发展

李氏三兄弟均是计算机学历背景,在 IT 行业工作数年之后,瞄准计算机行业在中国发展的良好前景及特定市场需求,于 2003 年分别以现金、生产资料、项目技术三种形式入股开办了三森信息系统工程有限公司。因为李氏三兄弟中大哥有着 6 年工作经验且经济实力相对比较雄厚,出于兄弟情谊想要帮助弟弟们尽快富起来,实际投入超过 1/3 份额的资金,但股份在李氏三兄弟之间平均,每人 33%,还有 1% 给了父母。创立之初,李氏三兄弟就确定"利益均分"的宗旨,也就是说,不管将来的发展状况

---

① 陈高林.论家族制管理向现代企业管理转变的途径 [J].管理世界,2003 (10):115-120、129.

如何，也不管李氏三兄弟各自的功劳多少，产生的利益在李氏三兄弟之间均分。

创业之初，李氏三兄弟依据各自的特点担任不同的管理职务，其他重要管理职位也通常是自己的亲朋好友担任。2005年之后，公司扩大经营规模，李氏三兄弟的妻子先后进入企业，分别担任商务采购、行政、财务等重要岗位。家族企业的产权、决策权及关键岗位都被家族成员担任，企业高管皆由家族、亲属内部提拔。此时的家庭式企业主要由家庭成员组成，大家在企业内部也是按照家里的称谓互相称呼，管理模式属于典型的家族式管理模式。

三森信息公司从创业以来，一直顺风顺水，没有太大的波澜，即便是2008年的经济危机，也在客户的努力配合下顺利渡过，但是到了2012年以后，随着企业的成长，企业规模逐渐扩大，业务和管理内容变得相当复杂，对管理能力的需求急剧增加，创业者及其家族成员的管理能力虽然通过经验的积累或通过"干中学"有所提升，但其增长速度缓慢，因而其管理能力满足不了企业成长的需要，即存在"管理能力缺口"，且随着企业的不断发展和成长，这种缺口在迅速扩大。因此，三森信息公司采取从外部招聘的方式引入职业经理人以弥补企业成长过程中出现的"管理能力缺口"问题，然而时至今日，中高管理层职业化进程依然不畅，典型的"家"文化特征导致职业经理人频繁引进、频繁流失。中高管理层职业经理人的高频率调整，对公司的生产经营造成了严重的破坏，同时给公司带来了非常负面的市场影响，也对公司的现代化转型进程造成了严重阻力。

7.5.2 公司面临的困境及原因分析

李氏三兄弟聘请了中南大学人力资源研究中心作为咨询顾问，研究小组通过一系列的调研和对中高层职业经理人的访谈，总结出公司存在的问题如下。

1. 家族内部"我群意识"导致互信缺失

和很多传统的家族企业类似，三森信息公司受传统文化的影响，在初创时期就形成了较强的排异文化，由于职业经理人都是外部选拔而来，企业家选择职业经理人后，自然对其产生无意识的防范。职业经理人进入家族企业，意味着要分享部分经营控制权，但是受"我群意识"与"保护意识"驱动，企业家对职业经理人陷入既需要又排挤的矛盾之中。企业家居高临下的优越感和根深蒂固的排斥观念使家族企业陷入"家天下"模式。另外，在三森信息公司内部已形成的势力圈子，使得职业经理人在推行制度变革、人员配置与经营创新等方面存在许多阻力，甚至根本无法落实某些先进的管理理念与经营方法。明显的排异文化与圈子文化使得职业经理人在履行自己职能时感到力不从心，甚至无法实现。

2. 委托代理设计问题产生利益冲突

第一，李氏三兄弟作为企业物质资本的提供者与所有者，是理性投资方，追求的终极目标是投资的收益最大化，是企业货币资本的增值。职业经理人是以人力资本的身份被引入企业的，支配着货币资本所有者大量的资源，追求的是本身人力资本的投资收益和增值。第二，代理人掌握着企业的经营控制权，但不承担盈亏责任，委托人失去了经营控制权，但最终承担盈亏责任和投资失败的风险，责任风险不对等极大地弱化了对代理人的制约，增大了决策失误的危险性。第三，双方掌握的生产信息和有关代理人自身信息极不相同，加上利益不一致和责任不对等，使得掌握经营控制权的职业经理人极有可能欺骗企业家，损害委托人的利益，企业家却很难监督和约束代理人。第四，委托代理关系是一种契约关系，但由于企业经营不确定性、信息局限性等，很难将所有的责、权、利在契约中明示，签订的契约并不能完全执行，使得契约有漏洞，任何考虑不周、估计不足的地方，都会让双方有空子可钻。因而委托人不可能订立一个完美无缺的、有效的约束代理人行为的契约。

3. 缺乏有效激励机制

公司正处于初步引入职业经理人的阶段，尚未建立起有效的职业经理人激励机制。比如在制定薪酬激励政策时，只注重物质激励，忽视精神激励；单一的奖金提成激励手段比较单一，员工的高层次需求无法得到满足；不重视企业文化在激励中的重要性，等等。研究表明，当企业内部的激励机制不够健全时，职业经理人自然会将自己的利益与企业的价值取向进行博弈，他发现市场条件和法律的缺陷，导致因追求个人利益而损害企业收益的惩罚成本既不会小于经理人背叛的内部成本与外部收入之和，甚至连经理人背叛的内部成本也无法索回，此时经理人的理性选择自然就是背叛。这样由于职业经理人与企业家的目标不一致，从而导致作为非家族成员的职业经理人在进行决策时，往往会通过损害企业的利益来提高自身的收益，或对于一些自身能够做出的对企业有利的决策采取不作为，从而在家族资本与社会人力资本融合的过程中产生道德风险。

4. 内部约束和监督的无力

在三森公司内部，对于企业家和经理人的监督约束仅是一些简单的公司章程和合同，双方均可以轻易避开，而且这些约束中很少有直接涉及经理人经济利益的。比如很多合同与契约中缺乏保密条款，对双方的败德行为及其事后追究没有有力的措施。另外，内部监督机制的缺位加剧了职业经理人的信息不对称，同时也不利于企业对职业经理人行为信息的获取。这种情况进一步导致企业家无法放心放权，进而无法建立与经理人的高度信任关系，阻碍了信任从私人信任向社会信任的体制性过渡。当然，也为经理人的背叛提供了机会。

7.5.3 基于"家"文化视角下的职业经理人激励障碍

针对上述存在的问题,中南大学人力资源研究中心专家组和李氏三兄弟家族成员召开了一次讲座,特别指出在公司处于由创业阶段转向高速发展阶段的转型关键时期,引进职业经理人是公司做大做强的必然要求。但是仅仅引入职业经理人是不够的,如何通过相应措施留住职业经理人并克服委托代理问题才是关键,在采取具体激励和约束措施之前,李氏三兄弟必须明确"家"文化在家族式管理中的特有地位。

(1)家族企业作为一种家庭契约联结的组织,在引进了职业经理人之后,原有家族企业内部的组织结构出现了一些新的变化(图7.6),原有的正式制度和基于"家"族血亲关系的非正式制度之间的生态平衡被打破,致使管理问题的焦点集中体现于职业经理人的权责之上。一方面,从现代公司的制度安排来看,职业经理人拥有相当的决策权和资源分配权;另一方面,从公司内部成员之间的私人关系来看,经理人显然是一个"局外人"。简言之,这种现象反映了扎根在"家"文化中的关系治理与现代企业契约治理之间的冲突。

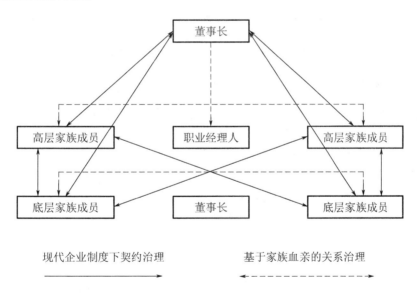

图 7.6 引入职业经理人后的家族企业的治理关系

(2)在职业经理人遵循工作设计,致力于努力实现已承诺的管理绩效的过程中,某项管理措施与"家"文化下行为合法性标准相冲突,即使这一管理行为完全符合正式的组织制度要求,"家"文化也将顽强地阻挠这一措施的落实。

(3)即使将作为职业经理人绩效对价的组织奖赏(激励条款)明确订入合同之中,"家"文化也有可能会限制企业对经理人绩效给予约定的奖赏(这种情况一旦发生,职业经理人和雇主之间的信任关系将受到严重伤害,对职业经理人的积极性无疑是一次沉重的打击)。

基于对家族企业"家"文化影响的特殊性讨论,项目组认为企业之前采取的对职业经理人的激励模式是不全面的,在中国特定情境下完善的职业经理人的激励模式应该如图7.7所示。

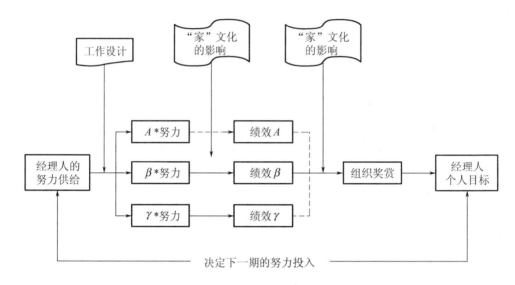

图7.7 "家"文化下职业经理人激励模式

基于以上激励模式,可以看出企业对职业经理人进行激励时,这一委托代理过程是一个多目标的委托代理:家族企业希望职业经理人在其任期内,选择性地达成不同的代理目标,并以此为评价标准给予相应的报酬。这些激励制度安排将明确地体现在职业经理人的工作设计中。工作设计一旦明确,职业经理人将按照委托人的偏好,将有限的努力按比例分配到不同的任务中,以求得相应目标的达成。作为组织中的职业经理人,通过制定决策,分配资源以及指导他人工作,而完成其工作设计中所要求的目标,真正实现组织目标的是相应的职能部门和业务部门。

而三森信息公司的特点之一就是家族成员分布在企业的各个部门,并掌握一定的资源配置权。这些特殊的成员除了一般企业所具有的员工和企业之间的正式契约关系之外,还有一种和企业所有者之间建立在血亲关系上的非正式的契约。当组织正式制度和基于"家"文化的非正式制度在某一特定行为的合法性判断上发生冲突时,如果后者占据了主导地位,将阻碍职业经理人的正常努力转化为相应的组织业绩,从而导致基于正式制度安排的对职业经理人的有效激励不能正常进行。除此之外,由于家族企业所特有的基于血亲关系的"家"文化的存在,导致了正常情况下职业经理人的努力和其工作绩效之间不能顺利地转换,进而影响到对职业经理人工作绩效做出准确评价,以及授予相应的物质奖励。可见,本来在正常情况下,职业经理人付出的努力——公司的业绩——物质和精神上的满足——更多努力的付出,将促成一个良性的循环。但由于"家"文化的影响,可能会使上述循环无法正常地进行,给当事的职业经理人带来一种无法用金钱弥补的挫败感，而且这种负面感受的影响程度将和职业经理人自身的价值取向和精神追求等因素密切相关。

基于以上考虑，项目小组认为在大方向上公司必须做到两点：一是消除"家"文化的消极影响，即逐步建立家族成员退出机制；二是针对现状建立相应的激励和约束机制。

7.5.4 建立家族成员退出机制

随着公司规模发展壮大，内部职位分工进一步细化，并非每个家族成员都可以胜任这些职位的要求。家族成员从企业经营决策中陆续退出，是家族企业由家族式管理向现代企业制度转化的必经之路，也是企业在全社会范围内整合资源、利用资源的能力不断提高的过程，而要实施好这个过程，除了过程本身，还应考虑各种环境的支撑。这二者共同构成了家族成员的退出机制。

1. 家族成员退出实施流程

按照本次过程的时间性可以将流程为三部分：制订计划、工作实施、评估反馈三大步，具体实施过程如图 7.8 所示。

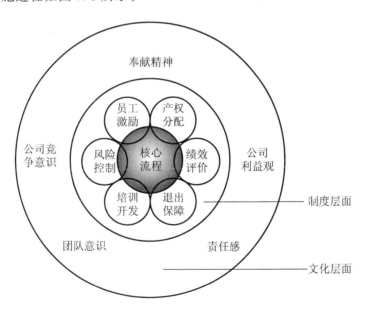

图 7.8　家族成员退出实施流程

（1）制订计划。

制订计划是整个过程中最关键的一环，它决定着整个退出的方向。这一环的工作要围绕公司目前的企业战略展开，项目组通过深入分析企业的战略，明确企业对人力资源的需求，制定出此次实施退出的原则、目标、数量、标准和方案等。

（2）工作实施。

① 评价人员资格，即甄别家族成员是否适合某一个岗位。项目组通过查阅核心管理岗位家族成员的历史工作数据，从岗位胜任素质和工作绩效两方面入手，分别考察家族成员的个性特征、知识结构、能力、职业素养、经历经验和工作业绩表现，从而保证评价的准确性和公平性。

② 选取退出模式，家族成员的退出模式分为四种类型：一是彻底退出型，即通过转卖股份等方式完全放弃对企业的拥有权和经营权，彻底离开企业；二是弱股东型，即只以享受分红权的股东资格参与企业的有关事项，而将企业的经营决策等主要的权利交给别人；三是幕后操作型，通过设立监察委员会、企业顾问团等一些较高但无实权的机构，使家族成员的主要职能从经营管理过渡到指导监督，完成从台前到幕后的转移；四是另行创业型，由企业重建新的业务，比如建立培训机构，把这些成员调集到那里，分配他们部分股份，并给予一些保障措施支持他们创一次业。

③ 安置家族成员并安抚人员情绪。对于家族成员来说，离开自己奋斗过的岗位、合作团队或伙伴，必须接受情感上的痛苦割舍，处理不好就可能引发抵触情绪。这一环节实施的好坏决定了整个退出机制的实施成败。

针对第二步和第三步，项目组分别对普通家族成员和重要家族成员采取了不同的安置措施。普通家族成员在家族企业内从事的主要是基层生产或管理工作，其去留不会或在很小的程度上影响着家族企业的经营发展；而家族重要成员是指在企业发展中起决定性作用的成员，其在家族企业担任的是中层以上的管理或技术职务。

针对普通家族成员的安置，分为以下三种主要方式。

A. 以获取现金补偿的方式退出企业。对于仅在企业中任职而不拥有股份的年轻家族成员采取这种方法，现金支付的多少要综合考虑其以往贡献的大小和说服其退出的难度。对那些与家族企业关系极为密切的成员则需要在采用现金补偿的基础上辅之以其他方式，比如送到国外深造、请长辈劝说等，甚至强制令其退出。

B. 以持股的方式退出企业。对于在企业初创时立下汗马功劳的创业元老的退出比较棘手，因此在保障企业产权结构合理性的同时给予每人股份作为补偿，与此同时，企业还与这些创业元老签订了协议，约定在其退出企业时，只持有股票的所有权与收益权，但是必须放弃所持股份的表决权。

C. 以每年获取固定收益的方式退出企业。对于在家族企业中不处于重要位置，但是与家族企业的关系比较紧密的员工而言，如果其自愿退出家族企业，可以采取定期支付生活费的方式甚至直至其去世。这样的手段类似于买断工龄的做法。

针对重要家族成员的安置，分为以下三种主要方式。

A. 使其持有部分股权但不参与经营管理。当家族企业的重要领导者接近我国家族企业人力资本激励机制研究退休年龄时，或是由于为培养接班人等种种原因想从企业中抽身出来时，可以通过沟通使重要领导者仅仅作为股东存在，将企业的经营管理，交给职业经理人或家族企业的继任者。

B. 使其既作为大股东又掌握企业的核心经营权。重要领导者可以同时拥有家族企业的经营管理权和所有权，即享有大股东和经营者的双重身份。在股权高度合一而家族其他成员退出经营领域的情况下，重要领导者可以全力以赴推行新的管理模式，避免家族内部成员之间的纠纷。

C. 不持有股份但担任高级管理岗位。目前企业的规模达到一定程度且仍具有巨大的发展潜力，核心领导者可以放弃其股权，转让给其他投资者或技术业务骨干。转让的目的是使股权分散化、社会化。在股权分散化之后，重要领导者可以通过家族成员的角色变化逐渐退出企业。

（3）评估反馈。

本次退出机制实施历时半年左右，基本上完成了家族成员的退出，并对整个退出效果进行评估，对开展过程中出现的问题，收获的经验方法进行总结、归纳。

2. 建立退出机制的支撑环境

（1）制度建设。

制度层面的建设需要做好以下六个方面。一是要建立充分的员工激励制度。即通过嘉奖、晋升、惩罚、淘汰等手段有效提高人岗匹配度；二是要建立清晰的产权分配制度。产权混乱是造成多数企业内讧风波的根本原因，建立清晰的产权分配制度有助于家族成员的顺利退出；三是要建立有效的绩效评价制度。建立该制度可为家庭成员的退留提供判断标准；四是要建立合理的退出保障制度。家族成员大都为企业的发展立下汗马功劳，建立合理的退出保障制度，既是替家族成员解除后顾之忧，让退出工作进展更加顺利，也是企业以人为本的表现；五是要建立完善的员工培训制度。家族成员退出后，岗位会出现部分空缺，培训要先行一步，在家族成员退出之前就完成对继任者的选拔，可以进一步削弱人员变动给企业带来的负面影响；六是要建立具体的风险控制制度。通过对风险因子的观察监控，掌握它的活动规律，采取各种措施将其控制在安全的范围内活动，规避由人员退出带来的各种风险。

（2）建立柔性的企业文化。

柔性的文化是推动家族成员退出的一剂润滑剂，建立强调奉献精神、公司利益观、责任感、团队意识、公平竞争意识等的企业文化，有助于家族成员形成崇高的价值观。当企业发展需要这部分人退出时，他们可以站在企业的角度，替企业的基业常青考虑，而不会人为地制造各种障碍，阻碍工作实施。

7.5.5 构建基于EVA的虚拟股票期权计划

为解决"家"文化背景导致的职业经理人的努力和其工作绩效之间不能顺利地转化等问题，项目组讨论决定构建基于经济附加值（Economic Value Added，EVA）的虚拟股票期权计划。EVA 从债务资本成本和权益资本成本两方面考察企业资产的使用效率，用于判断经理人是否做出了杰出贡献，并以此作为是否给予经理人激励的前提。股东对经理人的业绩期望不可能是 EVA＝0，而是体现在绩效预算中的预算 EVA，所以经理人激励标准是否完成了预算 EVA。同时，基于 EVA 的虚拟股票期权计划中经营者创造的超额 EVA 增量越多，经理人获得的虚拟股票期权数量就越多；而且只有在以后不断地创造 EVA，才能再次获得虚拟股票期权，也才能使其已经拥有的虚拟股票升值，从而在行权时获得收益。因此基于 EVA 的虚拟股票期权计划能够对经营者起到很好的激励作用，同时它也符合三森信息公司的现实情况。

1. 构建模型

根据 EVA 激励经理人时，经理人的报酬由 EVA 实际水平与预算数的差异决定。借用美国学者 M. L. Weitzman 证明的预算与激励制度关系模型，我们根据 EVA 原理并进行相应修正，提出 EVA 预算激励模型来表达三者之间的关系。

该模型为

当 A＞B 时，R＝W＋K1B＋K2(A－B)

当 A＜B 时，K1＝0，R＝W＋K1B＋K3(A－B)

在上述公式中，A：EVA 实际数；B：EVA 预算数；R：报酬总额；W：年固定工资；K1、K2 为奖励系数；K3 为惩罚系数。而且 K1B 为年度奖金，只要经理人实现了预算数就可获得，以便及时肯定经理人的努力；K2(A－B) 及 K3(A－B) 为远期收入。EVA 计算的基本公式为：EVA＝NOPAT－WACC×TC。其中：NOPAT（Net Operation Profit After Taxes）即息前税后净营业利润；WACC 为债务资本成本和股权资本成本的加权平均值；TC 为企业资本投入，即全部股权资本和有利息负担的负债资本之和；WACC×TC 即为企业所承担的总资本成本。

在这个模型中，经理人收入由固定工资收入和奖励收入两部分构成。其中奖励收入又由两部分组成：一是根据预算 EVA 的固定比例 K1、提取的奖金收入，这部分收入具有很强的目标导向作用，经理人只要完成董事会的预算就能获得，因此能引导经理人朝企业的目标努力，将企业的目标化为经理人的目标；二是取决于预算数与实际数差异的风险收入，之所以称为风险收入是因为这部分收入结果具有不确定性。当实际数大于预算数时，经理人可以获得依系数 K2 提取的超额奖励；当实际数小于预算数时，K1 应为零，经理人不能获得年度奖励，且还需承受按 K3 计算的负奖励。因此风险收入体现了股东对经理人做出杰出贡献的奖励，及未完成绩效目标的处罚。总之，经理人要想获得高额报酬就必须努力为股东目标而奋斗，实际完成的 EVA 越高经理人的报酬越高，而且报酬不封顶，经理人有无限的机会获得奖金。

2. 模型成立的条件

运用上述预算激励模型确定经理人报酬时有一个关键点：系数 K1、K2、K3 的大小关系将影响此报酬模型的有效性。董事会代表股东安排三个系数之间的量的关系时，应做到三个系数的取值必须不小于零，并且要满足 K1＜K2＜K3，以使经理人主动争取实际数与预算数相等，否则经理人会利用私有信息以减损股东利益为代价来谋取私利。理由如下：如果 A＜B，且 K3＜K2，说明经理人未完成预算数所遭受的处罚小于超额完成预算数时所获得的奖励，这会降低经理人呈努力超额完成预算的积极性，所以安排系数时应满足 K3＞K2，以充分发挥负奖励的约束作用；如果 K1 大于 K2、K3，则不论实际经营结果如何，经理人都能获得奖金数为正的奖励，这种安排显然违背了股东和激励模型的初衷，会培养出夸夸其谈而又懒惰的经理人队伍。

本模型在满足了以上两个条件后，结果表现为：如果经理人实际完成的 A 大于应完成的 B 时，经理人可以获得年度奖金及远期收益的双重奖励；如果经理人实际完成的 A 小于应完成的 B 时，经理人的奖金总数应为负数；当经理人实际完成的 EVA 等于预算数时，经理人只能获得较小的年度奖金收入，不能获得远期收入，由此体现董事会预算数的刚性要求，约束经理人行为。

3. 企业内部的具体实施

2014 年 8 月公司采用项目组的建议，董事会决定用 EVA 指标评价经营者业绩，并将 EVA 业绩评价与经营者报酬挂钩，2014 年 12 月最终的 EVA 薪酬方案出台并决定于次年正式实施。此方案的要点有：一是经营者的薪酬由 EVA 绝对量与 EVA 增量共同确定；二是方案所涉及的经营者 EVA 分享比例单独确定；三是当年的 EVA 奖金 50% 以现金方式在当期支付，另外 50% 用于购买本公司虚拟股票；四是建立虚拟股票持有人按所持股票份数参与分红；五是虚拟股票持有三年后才能陆续兑现。

（1）基于 EVA 的经营者薪酬激励方案中所涉及经营者范围的确定。

从三森信息公司的日常运作来看，总经理和副总经理负责全面经营工作，享有董事会授予的日常经营决策权，能对公司的经营成果施加重大影响，该计划经营者包括正、副总经理。而财务总监、总工程师等仅负责本部门的工作组织和协调，实现总经理和副总经理下达的部门经营指标，部门重大决策事项需请示总经理和副总经理，暂时不在该计划内。根据董事会决议，决定该项激励计划目前先只涉及总经理刘某和副总经理朱某。

（2）经营者固定报酬的确定。

实行新的薪酬制度后，经营者的固定报酬为：

总经理刘某每月的基本工资＝2 250＋300＋750＋750＋2 250＝6 300（元）

副总经朱某每月的基本工资＝2 250＋450＋600＋600＋1 500＝5 400（元）

（3）经营者风险报酬总额——EVA 奖金额的确定。

① 当年 EVA 和预算 EVA 的计算。

依据 EVA 的计算公式 EVA＝NOPAT－WACC×TC。以公司的净利润为起点，对它做出相关项目的调整，如应减去营业外收支净额、减去借款利息、分期摊销研发培训市场拓展费等，调整后的利润便为 NOPAT 值。根据资产负债表上的股东权益相关数据可以确定投入资本总额 TC；由 CAPM 资产定价模型来确定权益资本成本，然后根据债务资本成本率和债务与权益在资本总额中各自所占的比重来计算平均资本成本 WACC（以上数据均由财务人员计算获得）。具体计算结果见表 7-2。

表 7-2 EVA 的计算

单位：元

	预算值	2015 年
净利润	3 158 231.94	3 489 364.53
NOPAT	6 483 855.96	7 289 363.78
TC	92 987 932.4	105 288 755.72
WACC	4.831%	4.307%

由计算公式 EVA＝NOPAT－WACC×TC 可知：

预算 EVA＝6 483 855.96－4.831%×92 987 932.4＝1 991 608.935（元）

2015 年实际 EVA＝7 289 363.78－4.307%×105 288 755.72＝2 754 577.065（元）

2015 年实际 EVA 相对于预算 EVA 增量为 762 968.13 元

② 经营者 EVA 奖金额的确定。

根据公司董事会 2014 年 12 月会议决议，奖励金额将由当年创造的 EVA 和相对于预算 EVA 增量共同确定。鉴于公司目前的 EVA 为正数，且公司迫切需要的是 EVA 的增长，在充分考虑了经营者的风险承受能力后，规定总经理的 K_1 为 1%、K_2 为 5%、K_3 为 6%；副总经理的 K_1 为 0.7%、K_2 为 3.5%、K_3 为 4%。

则 2015 年总经理和副总经理的奖金值分别计算如下：

总经理的奖金值为：1%×2 754 577.065＋5%×762 968.13＝65 694.18（元）

副总经理的奖金值为：0.7%×2 754 577.065＋3.5%×762 968.13＝45 985.92（元）

（4）现金与 EVA 虚拟股票相结合。

公司在分配经营者的 EVA 奖金时，依照董事会决议采取直接发放现金与股权激励相结合，将 EVA 奖金总额的 50%以现金的形式直接发放给经营者，其余 50%则作为虚拟股票的购买基金，用来购买本企业的虚拟股票。公司从 2016 年起根据 2015 年的经营业绩实施 EVA 虚拟股票计划，2015 年末公司的每股净资产是 1.14 元，公司将虚拟股票的基期价格 P0 定为 1 元/股，以后每年根据公司经营业绩计算一次虚拟股票内部股价，用 EVA 奖金购买虚拟股票时，购买不足 1 股的以现金支付。

对总经理而言，可得现金奖励为 65 694.18 元×50%＝32 847.09（元）；根据经营者虚拟股票数量计算公式 Q＝IF/P，虚拟股票数量为 65 694.18 元×50%/1＝32 847（份）。同理，副总经理可得现金奖励 45 985.92 元，虚拟股票 22 992 份。

（5）EVA 虚拟股票的管理。

经营者获得虚拟股票后不能马上行权，必须在经过一定的年限后方能兑现，这就涉及一系列的后续管理问题。

① EVA 虚拟股票内部价格的确定。

公司将用经营者 2015 年 EVA 奖金购买的虚拟股票基准价格规定为 1 元/股，以后年度虚拟股票的价格则根据当年的经营业绩确定。也就是说，2015 年以后每年的 EVA 虚拟股票的内部价格均随着 EVA 业绩的变化而变化，具有较大的不确定性。

② 股权的管理。

公司董事会建立专门的登记簿来记载经营者每年所获得的 EVA 虚拟股票份数、内部股价，并计算经营者所持虚拟股票价值的变化。同时，还发给经营者虚拟股票证明，与公司其他股东一道参与税后利润的分配。但虚拟股票持有者不因此享有投票决策权。

③ 有关兑现期的规定。

为了避免经营者进行盈余操纵，该薪酬激励方案借鉴了股票期权中规定"窗口期"的做法，公司规定，经营者的 EVA 虚拟股票在其持有后的第三年开始兑现。也就是说，从 2018 年起经营者可以对手中的 EVA 虚拟股票陆续兑现。虚拟股票不可转让，若虚拟股票持有者中途离开公司将丧失部分收益。

④ 有关虚拟股票兑现方式的规定。

为了防止一次支付过多现金并实现对经营者的长期激励，公司规定，在经营者持有虚拟股票 3 年后，公司将根据当年的虚拟股票内部股价，以现金的形式兑现经营者已到兑现期的虚拟股份的 20%，第四年后兑现 30%，第五年兑现 50%。也就是说虚拟股票从持有的第三年开始兑现，第五年兑现完毕。若经营者中途离开公司，则该经营者只能领取离开时所持有的股份总数与当时虚拟股票内部价格之积的 50% 的现金。

7.5.6 案例解析

本案例源自我的一位 MBA 学员所经营的民营公司的真实案例，目前该企业处于由创业阶段向快速发展阶段的现代化转型之中，"管理能力缺口"迫使他们引进职业经理人，但却面临一系列的激励和约束难题。针对该企业独特的"家"文化特征，我们项目团队建议家族成员逐步退出企业，并实施基于 EVA 的虚拟股票期权计划等系列长效激励机制，希望能很好地解决该企业委托代理问题。本案例在选编过程中，尽可能保持了原貌，包括一些做得不到位的地方，以利于读者学习和分析，对我国处于快速成长阶段面临着现代化转型的民营企业具有更好的借鉴意义。

评价：基于增长、传承、国际化和可持续发展的需要，中国大量的家族企业正处在向现代化转型的十字路口。我国家族企业如何与时俱进，在发挥家族企业发展动力强劲、市场活力足优势的同时，有效克服家族企业诸多固有不足和劣势，突破发展瓶颈，实现可持续发展，是诸多家族企业面临的难题。这种家族企业的现代化转型和超越就是一场深刻的企业革命，其难度可想而知，其重要性又不言而喻。中国家族企业的现代化转型包含推行职业化管理、重新界定家族企业的边界、扩大利益相关者的范围、走创业家族之路四个方面的内容。本案例聚焦推行职业化管理这一现代化转型难题，在案例企业的"家"文化视角下，经理人被当作"外人"，公司一贯奉行的针对家族成员的关系治理与转型后现代职业经理人的契约治理，在理念和制度上都存在着激烈冲突，案例全面解析了这种转型的冲突和解决办法。项目组提供的设计方案从根本上是两部分：一是建立家族成员逐步退出机制，让家族成员逐步退到董事会和股东会，将经营的职责和平台腾出来，用于引进职业经理人团队；二是设置合理有效的经理人约束和激励机制，包括基于EVA的虚拟股票期权计划等。

使用说明： 本案例中的公司是处于快速成长阶段的民营企业，迫切需要进行现代化转型，具有明显的阶段性特征，转型的目的是将传统的家族企业模式转化为具有规范法人治理结构的现代企业，以实现企业的持续健康发展。实现这种转型的前提条件是企业业主（董事长）必须有清晰的认识和坚定的决心，他必须真正认识到家族企业的局限性和现代企业制度的优越性，并且敢于面对转型可能遇到的各种矛盾和困难，尤其是来自家族成员亲情和企业改革之间的冲突，能够下决心战胜一切障碍，方才可以实施该种类型的转换。根据我们的经验，这种家族企业的转型技术上的困难不是问题，真正的问题是企业主导者的决心和魄力，特别提醒读者们不要单纯从技术角度上来看待该案例中的问题。

案例研讨：

1. 讨论并列示该企业在现代化转型过程中可能存在的主要矛盾和冲突，并提出解决方案。

2. 本案例从转型角度较多地显示出"家"文化的负面作用，请讨论"家"文化对企业发展的正面作用，并研究转型后如何将"家"文化优势予以保留。

第8章 家族企业的代际传承

从20世纪80年代初期中国现代意义家族企业的诞生开始，经历了30多年的发展，从自然和生理角度看，中国的大量家族企业领军人物开始进入衰退时期，代际传承问题成为这些企业可持续发展的战略性问题，也是人力资源管理理论在中国家族企业中的运用热点和难点问题。在家族企业的创业第一代，各种企业家能力集中于一人之身，各种资源条件和历练成就了一批大企业，也成就了一批成功的民营企业家。大多数的第二代和第三代家族企业的传承者成长在与创业一代完全不同的环境之下，他们的能力和经历与前代有很大差别，如何将权利的传承变成合理的能力替代、如何从一元的权利转化成合理的权利组合（创业者是一个，而作为传承者的子女往往是多个），防止传承过程中出现的内部分裂甚至企业发生重大挫折是我们必须关注的现实人力资源管理问题。

8.1 家族企业及代际传承的概念

无论是发达国家还是发展中国家，家族企业都大量顽强地生存和发展着。美国著名企业史学家钱德勒（1987）[①] 是较早给出家族企业定义的学者，他认为，企业创始者及其最亲密的合伙人（或家族）一直掌有大部分股权，他们与经理人员维持紧密的私人关系，且保留高阶层管理的主要决策权，特别是在有关财务决策、资源分配和高阶层人员的选拔方面。可以看出，这里家族也不是纯粹意义上的家族，而是"准家族"，即若干创业的合伙人共同控制企业，而且家族企业并不是掌握企业的全部和经营控制权，而是一种大部分或基本掌握这两种权力的组织形式。对家族企业的定义还存在多种侧重点的定义，总的来说，对家族企业的定义一般包括三个特点：家族拥有企业的所有权、家族拥有企业的控制权和管理权、家族继任。

代际传承是家族企业持续成长过程中面临的最难应对的挑战之一。家族企业权力的代际传承是指企业的所有权和经营权由家族的"掌门人"传递给继承人的过程，这个过程实际上是家族的财产、声望和社会地位的传递过程，这个过程以继承人进入家族企业为起点，以老"掌门人"完全退出企业、继承人接掌企业大权为终点。家族企业权力代际传承的持续时间，短则需要3~5年，长则需要10~20年。目前中国的家

---

① 钱德勒. 看得见的手——美国企业的管理革命[M]. 北京：商务印书馆，1987.

族企业大部分都是采取子承父业的代际传承模式。

8.2 代际传承过程模型

Longenecker & Schoen (1978)② 率先提出了"家族企业的代际传承是一个长期的社会化过程"的观点。随着研究的不断深入,"过程观"逐步得到了学者们的认可。许多学者先后尝试从不同的角度对家族企业的代际传承过程进行了描述。在此我们对几个具有代表性的代际传承过程模型进行介绍。

8.2.1 父子传承七阶段模型

Longenecker&Schoen (1978) 首次以继承人的"行为-学习经历"(Activities-Learning Experiences)为线索,以继承人全职进入企业和继任领导岗位为两个关键事件,对家族企业代际传承的过程进行了刻画。家族企业代际传承过程被分解为七个不同的阶段(图8.1),这七个阶段主要内容如下。①接触企业前阶段。在该阶段,继承人可能仅仅是被动地、无计划地了解企业的某些方面。②初涉阶段。此时尽管继承人仍不是企业的员工,但是在任者及其家族成员已经在积极地、有意识地向他们全方位介绍企业情况。③初步发挥作用阶段。这个阶段从继承人第一次以兼职员工身份进入家族企业开始,到其最终成为企业的全职员工结束。在此期间,继承人完成其正规教育,还有可能去其他企业任职。④发挥作用阶段。此时,继承人已经成为企业的全职员工,但是尚未进入管理岗位。⑤发挥重要作用阶段。继承人进入管理岗位,开始发挥管理职能。⑥传承早期阶段。继承人继任企业领导岗位,但是尚未掌握实际控制权。⑦正式传承阶段。继承人真正进入领导角色,开始脱离父辈实现"自治"。

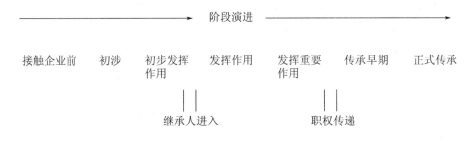

图 8.1 家族企业父子传承七阶段模型

---

① 窦军生. 家族企业代际传承中企业家默会知识和关系网络的传承机理研究 [D]. 浙江大学, 2008.
② Longenecker J, Schoen J. Management succession in the family business [J]. Journal of Small Business Management, 1978, 16 (3): 1-6.

8.2.2 基于父子生命周期的四阶段传承模型

Churchill & Hatten (1987)[①] 对家族企业的传承持一种"锚定"观点，他们认为家族企业所有权和控制权的传递被一种纯粹的自然生物力量所驱动，而非市场驱动。由此将家族企业的传承划分为四个阶段（图8.2）。①所有者管理阶段。这个阶段从创始人创业到某个家族成员进入企业，期间创始人是直接参与企业运营的唯一家族成员。②子女的培养和发展阶段。在这个阶段，子女不断学习企业运营知识，并开始到企业做兼职员工或假期工。③父子合伙阶段。这时子女已经具备了足够的企业管理能力，开始承担企业的管理责任，并参与企业的部分决策。④权力传递阶段。该阶段始于父子合伙阶段的后期，创始人的退休进程和运营角色的淡化将对其产生重要的促进作用，该阶段可能还会伴随着所有权的传递。

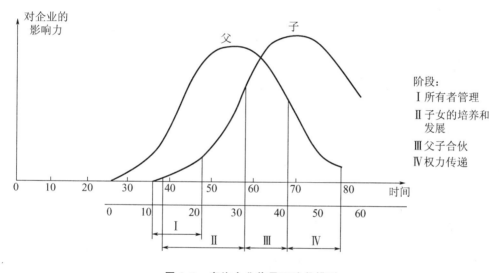

图 8.2 家族企业传承四阶段模型

8.2.3 四阶段角色调整模型

Handler (1990)[②] 通过对32家家族企业中第二代家族成员的深度访谈，将家族企业的传承视为一个创始人与第二代家族成员的角色调整（Role Adjustment）过程，该调整过程实际上就是创始人对企业的参与程度及其领导权威的逐步淡化过程。该过

[①] Churchill N C, Hatten K J. Non-market-based transfers of wealth and power: A research framework for family businesses [J]. American Journal of Small Business, 1987, 11 (3): 51-64.
[②] Handler W C. Succession in family firms: A mutual role adjustment between entrepreneur and next-generation family members [J]. Entrepreneurship: Theory and practice, 1990, 15 (1): 37-51.

程分为四个阶段（图 8.3）。在第一阶段，创始人更多地关注企业的启动问题，此时创始人是企业的核心，并且是企业中唯一的家族成员，而下一代在企业中没有任何角色。在第二阶段，企业进入生存期，创始人关注的焦点是企业的生存能力，仍然很少考虑到企业的后继阶段，传承计划仍被视为未来的目标。在这个阶段，下一代家族成员经常在企业任职，并充当着创始人助手的角色。角色调整的最后两个阶段对企业的有效传承是至关重要的，在这两个阶段，企业对继承人的准备表现得非常明显，并普遍开始制订传承计划。创始人在企业中扮演的角色明显淡化，他们关注的焦点逐步转向那些需要经验和专家技能的方面。与此同时，第二代家族成员逐渐成为企业的领导者和决策者，而创始人则往往选择参与董事会来扮演起监督者或顾问的角色。此外，最后阶段还有一个重要的方面就是管理权和所有权的转移。

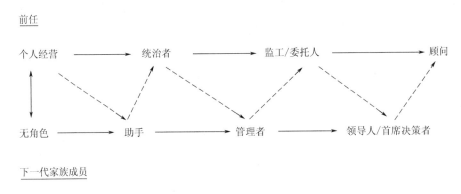

图 8.3　家族企业传承的四阶段角色调整模型

8.2.4　所有权传承六阶段模型

Gersick 等在 1997 年提出的三环模型[①]的基础上，又于 1999 年提出了家族企业的三极发展模式[②]，以揭示家族、企业的生命周期与企业所有权结构变迁之间的关系。他们将家族企业所有权的传承过程分为了六个不同的阶段，如图 8.4 所示。

这六个阶段分别如下。①发展压力的不断积累。家族和企业的发展压力促成了所有权结构变革的要求和准备。②触发。当发展压力积累到一定程度后，还需要有触发事件来引发变革。触发事件可以是时间警报（如强制退休年龄），也可以是某个事件（如健康危机）。③脱离。家族企业所有权传承的首要任务就是要明确旧所有权结构时代即将结束，必须要建立新型结构。而家族企业所有权传承的标志常常是对退休或传

---

① Kelin E. Gersick, John A. Davis. Generation to generation: life cycles of the family business [M]. Cambridge, MA: Harvard Business School Press, 1997.
② Kelin E. Gersick, Ivan Lansberg, Michele Desjardins, Barbara Dunn. Stages and Transitions: Managing Change in the Family Business [J]. Family Business Review, 1999, 12 (4): 287-297.

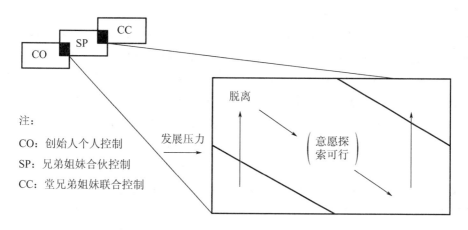

图 8.4 家族企业所有权传承六阶段模型

递日期的公开承诺,或者是下一代领导候选人职业晋升的预定计划。④探索选择方案。这是传承过程的关键环节,它包括考虑新型所有权结构的不同形式,以及根据意愿和能力分析各选择方案的可行性。这是一个测验、学习和校正的过程,可能即刻发生,也可能要经历几年的时间。⑤选择。从可供选择的方案中选择一种新型所有权结构。⑥实施新结构。做出选择并不意味着传承的结束,还必须要对选择的方案加以实施。这可能需要撤换关键岗位的领导,从而对系统和个体提供必要支撑,以确保新政策或程序得到贯彻或遵循[1]。

8.3 代际传承的内容及常见模式

8.3.1 代际传承的内容

通常认为,家族企业的代际传承就是具有家庭长者和企业领导人双重身份的家庭成员将担负的企业领导人职务让渡给晚辈或家庭以外的其他人员,从而把企业交给后继者经营。实际上,代际传承的内容远远超过了企业领导人职务变更的范畴,涉及一系列的权能转移,在中国社会环境下,更具有事业传承的深刻内涵。

1998 年,哈佛大学 Drozdow 教授根据自己在之前 20 年间对几百家家族企业传承实践的咨询经验,率先对家族企业的传承要素体系进行了分析性归纳。他认为,所有企业在成长过程中都建立起了一系列可以用来界定自我的本质特征,它们是企业得以

---

[1] 窦军生,邬爱其.家族企业传承过程演进:国外经典模型评介与创新[J].外国经济与管理,2005(09):52-58.

延续的重要元素。基于该假设，他进一步指出，家族企业的成功延续意味着一个或几个本质的、独特的核心要素的留存，同时也意味着一些要素的牺牲。家族企业要想成功实现代际延续，必须确保以下七项要素中的至少一项能够留存下来，它们分别是：战略（这主要是对企业价值观的延续）、所有权和/或治理（包括保留创始人或公司历史上其他"伟大领袖"的印迹或遗产，以及他们对家族或企业未来的愿望）、家族对企业的领导权、家族凝聚力、企业文化（主要是指被领导人或家族具体化，并被部分制度化了的价值观体系）、使命（为什么做，做什么）以及自主。与 Drozdow 教授的研究思路类似，Lambrecht（2005）① 对 10 家家族企业进行案例研究后提出，家族企业代际传承是一个终生的连续性过程，在该过程中创业家族需要完成专业知识（产品秘密和交易的敲门）、管理理念、企业家特质（核心是努力工作和坚定不移的信念）及家族企业精神（the Soul of the Family Business）向下一代的传递②。

8.3.2 家族企业中的"子承父业"③

"子承父业"这一继任模式不是唯一，也不是最佳的。国内外有关家族企业的文献经常讨论的另一个热门话题是有关引进职业经理人和家族企业逐渐转化为公众公司的过程。理论上家族企业选择继任者比较普遍的方式有两种：一是内部培养，即培养自己的孩子接班；二是外部广泛搜寻，即从企业外部寻找职业经理人。从能力角度看，外部寻找要强于内部培养，因为外部的可选择空间较大，选择到能力强的职业经理人的几率要高；而近亲繁衍则容易出现才能萎缩现象（Redding，1993）。

但是职业经理人对家族企业的管理存在许多障碍：①管理的合法性问题。由于职业经理人不拥有企业股份，不是企业所有者，除非他们具有非凡的管理能力，否则企业员工可能会出于感情或其他原因很难产生认同感，从而造成管理失效；而企业所有者的干预和介入进一步制约了职业经理人，而使其能力无法完全施展。②能力的确定问题。在家族企业中儿子的能力相对容易确定，而职业经理人的能力却需要进一步的了解。在这里我们发现，所有权是造成职业经理人在家族企业中管理失效的主要障碍，也是决定家族企业寻找继任者的深层次因素。

---

① Lambrecht J. Multigenerational Transition in Family Businesses: A New Explanatory Model, Family Business Review, 2005, 18 (4): 267-282.
② 窦军生，贾生华. "家业"何以长青？——企业家个体层面家族企业代际传承要素的识别 [J]. 管理世界，2008 (09): 105-117.
③ 陈凌，应丽芬. 代际传承：家族企业继任管理和创新 [J]. 管理世界，2003 (06): 89-97、155-156.

8.4 家族企业代际传承的影响因素[①]

代际传承是家族企业持续成长过程中面临的最难应对的挑战之一，在家族企业的代际传承这个过程中会受到诸多因素的影响，其中从个体、人际、组织和社会/环境四个分析层面对这些因素进行归纳。

8.4.1 个体层面：在任者和继承人是关键

家族企业的传承过程涉及众多的利益相关者，其中包括在任者、继承人、其他家族成员、其他管理人员、非家族股东和商业环境中的其他代理商等[②]，其中在任者和继承人是两个核心的利益相关者。

1. 在任者

在任者（往往是企业创始人）一直以来都是家族企业研究者们关心的重要对象，许多研究都将在任者的个人特征作为家族企业成功传承的重要影响因素，他们拥有控制企业传承决策和过程的权力与合法性[③]。

2. 继承人

继承人的意愿是家族企业代际传承考虑的首要问题，必须要有具备一定素质的后代成员对企业感兴趣[④]。Ambrose（1983）[⑤] 对 53 家创业家族放弃运营的家族企业的研究发现，子女不愿接班是他们放弃公司运营权的首要原因。其次就是继承人的能力。McGivern（1989）[⑥] 在一项对美国失败的家族企业的研究中，发现 45% 的企业失败的

[①] 窦军生，贾生华. 家族企业代际传承影响因素研究述评 [J]. 外国经济与管理，2006（09）：52-58.

[②] Barach J A，Ganitsky J B. Successful succession in family business [J]. Family Business Review，1995，8（2）：131-155.

[③] Bjuggren P，Sund L. Strategic decision making in intergenerational Successions of small - and medium - size family - owned businesses [J]. Family Business Review，2001，14（1）：11-24.

[④] Berenbeim R E. How business families manage the transition from owner to professional management [J]. Family Business Review，1990，3（1）：69-110.

[⑤] Ambrose D M. Transfer of the family - owned business [J]. Journal of small business management，1983，21（1）：49-56.

[⑥] McGivern，C. The dynamics of management succession：A model of chief executive succession in the small family firm [J]. Family Business Review，1989，2（4）：401-411.

根源在于继承人无法胜任领导角色。再者,继承人若尽早参与企业中的工作,从基层做起,并能够通过自身的努力成功地取得职位晋升,还可以获得来自公司员工、顾客以及其他利益相关者的认可和信任①。最后,除内部晋升外,继承人至少要拥有 3~5 年在其他企业的工作经历,这也是获得企业各成员认可、信任和尊重的方式。

8.4.2 人际层面

不同利益相关者之间的关系对企业的成功传承也具有重要影响,其中在任者与继承人之间的关系,以及家族成员之间的关系影响更显著。

1. 在任者与继承人之间的关系

有关知识在创造者与接纳者间转移效果的研究表明,接纳者的吸收能力以及创造者与接纳者之间的关系是影响转移效果的非常重要的因素。在家族企业中,在任者和继承人之间相互尊重、相互理解的关系,可以令双方感受到来自对方的支持和认可,并能够建立信任和反馈的良性循环,进而有效促进知识、社会资本以及网络关系的代际转移。大量关于家族企业代际传承的研究都表明,在任者和继承人之间关系(往往是父子/女关系)的质量不仅对传承过程的平稳演进和传承效果有着重要的影响,还对在任者的离任意愿、子女的接班意愿以及继承人的培养和发展等产生重要影响②③④⑤。

2. 家族成员之间的关系

家族成员间的关系包括:后代之间、后代与前辈之间,以及在任者与其配偶之间的关系等不同维度。家族和睦可以促进家族成员之间相互信任、理解和认识水平的提高,进而有助于领导权的代际传承以及共同愿景的建立。家族和谐可以带来参与者之间更高的信任、相互的理解和认识,进而有助于推动领导权的代际传承⑥。

---

① Lambrecht J. Multigenerational transition in family businesses: A new explanatory model [J]. Family Business Review,2005,28 (4):252-267.
② Morris M H,Williams R O,Allen J A,Avila R A. Correlates of success in family business transitions [J]. Journal of Business Venturing,1997,12 (5):385-401.
③ Goldberg S D. Effective successors in family-owned businesses: Significant elements [J]. Family Business Review,1996,9 (2):185-197.
④ Barach J A,Gantisky J,Carson J A,Doochin B A. Entry of the next generation: Strategic challenge for family business [J]. Journal of Small Business Management,1988,26 (2):49-56.
⑤ Chrisman J J,Chua J H,Sharma P. Important attributes of successors in family businesses: An exploratory study [J]. Family Business Review,1998,11 (1):19-34.
⑥ Handler W C. Succession in family firms: A mutual role adjustment between entrepreneur and next-generation family members [J]. Entrepreneurship: Theory & practice,1990,15 (1):37-51.

8.4.3 组织层面

在组织层面的因素中,基础规则的制定和相应组织机构的设立是关注的重点,主要包括以下内容。

1. 传承计划

传承计划也就是指为确保家族和睦和企业代际延续而进行的必要准备,必须考虑到企业和家族未来的需要。因此预先进行有计划的管理对企业的成功延续至关重要,Barnes & Hershon(1989)[1]就指出,在离企业家退休还有7~8年的时候,就应该成立一个由家族管理者、雇员、亲戚和外部人士组成的关键网络,开始集中讨论家族和企业的传承问题。他们同时还指出,该计划的某些细节可能会发生变化,但其背后的重要假设不应该发生改变。

2. 共同愿景

所有的传承都是由一个长期形成的关于企业未来的愿景所驱动,这个愿景可以有效地契合下一代和上一代甚至是祖辈的愿望,共同愿景能促使家族成员为同一个目标而努力奋斗,这样的目标也会使全体家族成员紧密地凝聚在一起。

3. 董事会

董事会不仅能够帮助在任企业家战胜传承所带来的各种心理障碍,推动传承计划的顺利启动,而且还能够对传承过程实施相应的监督,在保证传承过程平稳演进的同时保障所有者的利益。

4. 家族理事会

在家族企业的代际传承过程中,有关家族与企业之间关系的一系列问题必须受到足够的重视,否则传承过程将难以继续。家族理事会在处理家族纷争、提供建议等方面发挥着重要的作用[2],当继承候选人与有影响力的家族成员之间发生冲突时,家族理事会可以确保继承人既有竞争力又符合社会标准,同时还可以通过协商就其他关键问题达成共识。另外,家族理事会还有最重要的一项功能是清晰地阐明家族的核心价

---

[1] Barnes L B, Hershon S A. Transferring power in the family business [J]. Family Business Review, 1989, 2 (2): 187-202.

[2] Churchill N C, Hatten K J. Non-market-based transfers of wealth and power: A research frame work for family businesses [J]. American Journal of Small Business, 1987, 11 (3): 51-64.

值观[1]，他们不仅可以帮助创业家族开发他们的使命、价值观、历史和故事，还可以通过反复地灌输，使家族成员认同这些价值观，进而提高他们对家族和企业的认识。

8.4.4 环境层面

1. 行业背景

不管家族内部是否具备企业所需管理者类型，行业演进路径都是其重要驱动因素之一，比如，在传统行业中，行业相对稳定、企业变化缓慢，经过企业培训的家族成员成为优秀管理者的可能性比较大；而在市场变化比较快的行业，企业可能经常做出相应调整，此时接受相关行业竞争性组织或企业的培训则更有利。

Goldberg (1996)[2] 对 63 位家族企业 CEO 进行的访谈和调查研究发现，有效继承人对其企业所处行业前景的看法明显比无效继承人积极。而行业的演进路径也会对家族企业所需要的领导者的类型产生重要的影响 (Churchill&Hatten, 1987)，并会由此影响到他们对继承人的培养方式[3]。

2. 社会背景

代际传承作为一个社会化过程，必然会受到诸如长子继承制、父权制、财产分割习俗等文化规范的影响[4]，不同年龄段以及不同国家、地区的人的接班意愿也各不相同。另外，当企业发展成为跨国公司时，其有效传承的指导方针和程序必将受到国际文化环境的制约。比如在长子继承制根深蒂固的文化背景下，有效传承要求专注于对子嗣的培养。

8.5 典型案例：湖南一力股份有限公司代际传承案例

8.5.1 公司简介

湖南一力股份有限公司（以下简称一力股份）创建于 1995 年，是一家集商品现货

---

[1] Lansberg I. The succession conspiracy [J]. Family Business Review, 1988, 1 (2): 119-143.

[2] Goldberg S D. Effective successors in family-owned businesses: Significant elements [J]. Family Business Review, 1996, 9 (2): 185-197.

[3] Breton-Miller I L, Miller D, Steier L. Towards an integrative model of effective FOB succession [J]. Entrepreneurship: Theory&Practice, 2004, 29 (2): 305-328.

[4] Breton-Miller I L, Miller D, Steier L. Towards an integrative model of effective FOB succession [J]. Entrepreneurship: Theory&Practice, 2004, 29 (2): 305-328.

交易、电子交易、物流金融、物流信息、仓储分拣、加工制造、配载配送等功能于一体的供应链平台型企业，是国内领先的物流园区开发与运营管理商。公司的战略版图已成熟布局武汉、岳阳、长沙、苏州等地，旗下长沙一力物流园聚集涉钢企业2 000余家，从业人员30 000余人，年钢材物流量1 800万吨，年交易额超过500亿元，占本地90%市场份额，是一力股份下属最大的一个物流园区。历经十余年积累与沉淀，一力股份的品牌优势、规模优势在全国同行业中居领先地位，先后获得中国物流5A企业、中国物流示范基地、中国物流主营业务50强企业、中国仓储服务金牌企业、中国通用仓库五星级企业、中国生产资料流通改革开放30年杰出企业、中国物流金融和物流信息化创新成果一等奖等20多项国家级殊荣，并被选定为湖南大学等高等院校的MBA教育实习基地。

8.5.2 公司发展历程

一力股份的创始人在创建公司之前务过农、当过学徒、做过国企老总，他于1995年创立了岳阳东方不锈钢有限公司。公司最开始以钢铁贸易为主，由于创始人对钢铁贸易的整个市场趋势和走向具有清晰的思路，公司在钢铁贸易方面取得了不错的经营成果，在岳阳、长沙、武汉等地均设有分公司，贸易份额较大。当时钢铁贸易蓬勃发展、竞争激烈，创始人考虑到虽然钢铁贸易前景很好，但是其市场结构始终有缺失：一旦公司初具规模后设立自己的仓库，相应地就需要配置一定数量的仓库管理员及设施等，拥有自己的物流，这种模式看起来规范，但实际上并不经济，钢铁贸易需要有一个成规模的物流来降低整个产业的成本。因此，公司创始人考虑从钢铁贸易转型到钢铁物流，1999年开始筹划湖南钢材大市场项目。2000年湖南钢材大市场项目立项并选址于长沙市天心区大托镇，成立湖南长天实业有限公司。2003年，湖南长天实业有限公司更名并改制为湖南一力股份有限公司，一力物流园暨湖南钢材大市场正式开业运营。2014年，一力物流开启了以科技创新和电子商务为主的钢铁产业互联网模式，并成功打造了一力钢铁网。一力钢铁网开创了"实体交易市场＋网络交易信息平台＋物流融资配套"的现代钢铁流通新模式，将原有物流基础设施有效整合，并以此为基础为大宗商品供应链上下游企业提供包括供应链管理、代购代销等服务在内的现代物流综合服务，打破了传统钢贸企业"吃差价"的流通格局。2015年，一力钢铁网交易额已达上百亿元，占整个一力钢铁物流园总交易额25%。

8.5.3 传承过程中存在的问题

1. 对传承人没有明确详细的考核机制

一力股份目前选择继承人的标准及程序缺乏，主要体现为未明确以下几个方面问题：一是继承人类型选择的标准是什么；二是继承人应该具备的能力素质的标准是什么；三是对继承人选拔的透明性、公正性无人监督；四是没有关于继承人继承时间的标准及程序。

一力股份创始人声称对三个子女虽然并未设定明确的考核机制，但其心中自有一套考核子女的方式，只是尚未成文。并且对于选择继承人，也没有重男轻女或者重女轻男等传统思想，而是一视同仁，注重三个子女在各自的平台上发展状况、业绩等情况。但是，一般来说，对继承人的选择创始人往往受到以下几方面影响：①个人的主观偏好，创始人偏向于选择性格与自己相符或某些方面接近的人；②创始人单独决定继承人的人选，没有通过企业内部公开民主商议，一定程度上会导致透明性、公平性的缺乏，进而无法调动职工的工作积极性；③缺乏选择程序和继任计划，企业往往在出现突发事件时，由于没有找到合适的继任者而危及企业的生存。

2. 在任者与继承人之间经营理念冲突

一力股份创始人的大女儿有海外留学背景，接受的是先进经营管理理念，思维较父辈开阔，易于接受新鲜事物，敢于创新。而创始人对于企业的发展已经形成了其固有的思维和管理方式，不易改变。这种成长历程、企业发展背景的不同，以及两代人所认同的企业文化和制度可能存在的分歧，经营理念难免会有碰撞。当两代人经营理念产生冲突时，老一辈就会相对固执一些，因为既有的成功经验让他们认为自己的决策永远都是对的。

3. 隐性资产继承困难

在家族企业传承的过程中，财产、技术、管理知识等都属于显性的资源和能力，很容易传承下去，但是一些隐性的能力，如开拓创新、对机遇的把握、企业精神等，最难言传身教，必须要有亲身经历才能体会得到。其中，"创业精神"这种隐性资产能否被下一代继承是代际传承能否成功的重要因素，除了创业精神，企业创始人的人脉关系等社会资本也是很难继承的，人脉也被认为是创始人成功不可或缺的因素，尤其是妥善处理和政府部门的关系。随着传承的进行，创始人的社会资本既有可能重新流入社会、逐步消散，也有可能被继任者有效续接，成为第二代的既有社会资源，为其所用，但前提是能够被很好地继承，所以，隐性资产的继承也是家族企业传承中的一个关键问题。

一力股份创始人在创立企业十年之后，其子女中才开始有人进入企业，显然，父辈在90年代初期下海创业的艰辛，其子女是很难理解的，创始人在创业过程中形成的经营理念与继承人们通过学习得来的间接经验必然存在很大的不同，在该过程中，创始人以潜移默化的形式使艰苦奋斗、坚持不懈等精神融入了企业的文化当中；并且，创始人在创业过程中积累的广泛的人脉关系也集中在创始人身上。一力股份创始人的女儿由于在长沙总部工作，其跟随创始人的时间是三个子女中最久的，创始人以帮助的形式使其逐渐接手相关业务，也使得自身的理念为子女接受，并逐渐将人脉资源过渡到他们手中。

8.5.4　传承过程的优化设计

对于一力公司这种有三个继承人可选的情况，一力股份的创始人最初让子女在各自平台上发展，以业绩等指标评估他们的表现，虽然在一定程度上减轻了子女的压力，但是没有明确的制度进行考核，难免会使子女为争夺继任者位置而相互倾轧，因此后来参照咨询公司的意见在这个阶段中将具体制度确定下来。是在Breton-Miller、Miller&Steier（2004）[①] 家族企业代际传承过程的整合模型（如图8.5所示）的基础上设计了一套传承方案。考虑到代际传承是充满不确定性的，因此必须在不同的演进阶段进行适时的调整，如不同候选人潜能的变化可能会改变他们的排序；家族需要和目标的变化也可能会使最佳候选人发生变化；企业战略和行业环境的演变则可能会导致继承人必须具备的条件发生变化等。

在图8.5中，将"基础规则的制定"纳入传承过程，进而将整个过程分为依次衔接的四个不同阶段：设立基础规则（这些规则必须随企业和家族的演化而不断调整）、潜在继承人（可能包括多个家族成员和非家族成员）的培养和发展、甄选（选择并不是二元决策，而是一系列决策）以及向选定继承人的最终交班。其中，每个阶段都会受到家族和企业背景的影响，且彼此通过反馈系统相互衔接。在综合该模型以及父子传承七阶段模型的基础上，在传承方面进行了如下方面的优化。

1. 详细传承计划的制订

计划的制订与否是企业能否顺利传承的重中之重，一份详细的传承计划，不仅要指明谁将作为接班人、接班的时间、接班的内容，而且还要说明怎样交接权力。也就是要制订明确的"3W1H"传承计划，即"Who""When""What""How"。同时，在计划里还要包括现任企业家退任计划、管理层的改组、企业文化的传承、管理理念

---

① Breton-Miller I L, Miller D, Steier L. Towards an integrative model of effective FOB succession [J]. Entrepreneurship: Theory & Practice, 2004, 29 (2): 305-328.

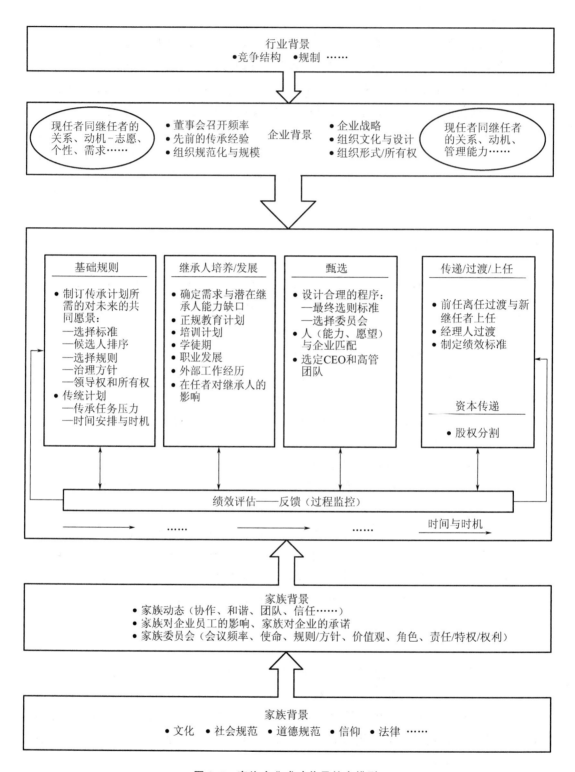

图 8.5 家族企业成功传承综合模型

的延续和创新等几个方面。

在这一过程中，一力股份创始人秉持公平的原则，摒弃传统的"长子继承制"，公正地评估几位潜在继承人的经营能力和个人品行；同时，由于目前一力股份创始人的子女已经全部进入企业工作，所以传承计划的制订完全可以借鉴方太集团茅理翔将企业交给其儿子茅忠群时所采用的"三三制"原则，即"带三年、帮三年、看三年"，真正实现有计划、有步骤地平稳授权。

2. 继承人的培养

一力股份的情况是存在多位潜在继承人，且创始人并未在最开始就对多位继承人制订相关的教育计划，也未限制他们之前的职业发展，因此，只能是在继承人们进入企业实践后，在基层了解公司业务，轮岗以了解各岗位的职责。一力股份主要是以这种形式对继承人们进行培养。同时，针对继承人们所缺乏的能力还制订了专门的培训计划，给予继承人们更多机会向创始人及公司内资深员工学习，创始人允许继承人们犯错，但是不能犯多次，完成这些工作若只靠创始人的观察则是不够全面的，需要设定专门的团队来完成。最后，在任者对继承人的影响（如行事风格、工作态度等）也是很重要的，一力股份充分认识到该方面的重要性，继承人们对于创始人工作的韧性很认可且也沿袭了这一特点。

一力股份创始人的大女儿从海外留学并工作共8年时间，在进入公司后，首先从基层开始做起以熟悉整个公司的业务，在企业的十多年里，进行了一系列大刀阔斧的改革，如为改进厂区内车辆进出困难等秩序问题而引进门禁系统，将"现场全面改善"管理理念引进公司，对影响现场效率的流程和制度做了全面优化等。在这些大大小小的改革过程中，也受到了重重阻力，不被理解，但是她从调研、制定方案到执行和检查，事事参与，亲自动手，在其不懈坚持之下，其改革方案取得了成效，因此也得到了认可，使内部员工对继承人能力的怀疑得以消减。这种培养方式也使得继承人能够更好地融入公司中，并认可公司的文化。另外，在钢铁行业环境日益恶化的情况下，为避免钢铁行业的各种弊端，2014年，创始人的女儿在一力物流开启了以科技创新和电子商务为主的钢铁产业互联网模式，并成功打造了一力钢铁网。2015年，一力钢铁网交易额已达上百亿元，占整个一力钢铁物流园总交易额的25%。这些成果也表明创始人让继承人从基层做起，融入企业的方式是卓有成效的。

3. 甄选

一力股份存在多位潜在继承人，为了使最终继承人选择的结果使三位子女都信服，同时也为了避免子女之间的矛盾和冲突，必须要依靠明确的考核制度，遵循规范的考核程序，选择专门的考核委员会进行多方位考核。对于未选中的子女，也应该合理安排其在公司的岗位，明晰各自的产权，充分发挥他们的作用。

在继承人培养阶段之后，就需进入正式的评价选择环节，以确定真正的继承人，从而进入正式的"帮带阶段"。要对几个继承人在各自平台上的学习、工作情况进行定期的综合考评，考评表见表8-1。

表8-1 一力股份继承人考核评价表[①]

项 目	考核内容	评分等级			
		A	B	C	D
工作绩效	岗位职责的履行情况				
	上级布置任务的完成情况				
	年度工作目标的完成情况				
德能素质	品德修养				
	创新性				
	言行举止				
	个人权威				
	表达能力				
	对公司的认同感				
管理能力	业务能力				
	组织协调能力				
	领导能力				
	工作方式方法				

在为期两年的考察期中，人力资源管理部门需要提交候选继承人在考察期间内所取得的绩效，以此作为决策的依据，一力股份创始人在进行最终决策时还应该倾听其他高层管理者和基层员工的意见。

4. 传递/过渡/上任

在这一阶段，在任者与继承人还需要进行磨合，在任者要对继承人进行更集中的培养，在任者对继承人的期望不仅在于守住企业，还在于对企业不断地进行改革创新，使继承人在接受原有企业文化的基础上注入年轻的活力。值得注意的是，目前将企业经营所有权传承给一个子女，将资本所有权在所有子女间平分是家族企业较为流行的

---

① 钟春楠. TW公司代际传承过程研究［D］. 湘潭大学，2012.

传承模式，这种模式在一定程度上缓解了子女争夺财产继承的矛盾和斗争，但这不对称的方式对企业未来长期的发展不利。同时，对于家族企业来说，企业的成果并不仅仅是创始人一人努力的成果，还存在着一同打江山的创业元老，这些人目前都是企业的中高层管理者，如何处理好新一代掌门人与创业元老的关系是在继承过程中必须考虑的问题，创始人必须认识到家族交接班是要交给继承人的一个团队，而不是子女个人，他必须在正式退出企业之前帮助继承人构建一个高效、忠诚、属于子女领导的团队，顺利实现企业的传递。

很多企业在交接班的时候会受困于企业元老、亲属的制约，方太集团的茅理翔在将企业传承给儿子茅忠群时，企业原来的元老、恩人都继续留在原来的企业工作，在新的"方太"集团中只保留了两个老的团队成员，一个是财务总监，另外一个是技术工程师，其他团队核心成员都是聘请的"外脑"，正是这种做法才使新成立的"方太"摆脱了原有思维和体制的束缚，成长为中国厨房用品的第一品牌。家族企业的代际传承从某种程度上来讲也可以看成是一个"二次创业"的机会，创始人在正式确定继承人后可以帮助继承人构建自己的核心管理团队，引进新人才与安置旧的管理团队并行，减少家族企业中复杂的人际关系给继承人工作开展带来的影响。

8.5.5 经验总结

一力股份创始人的女儿认为，大多数的一代创始人打算将企业交给下一代时都没有一个预先的计划，针对这种情况，如果要使继承人顺利进入企业而不使企业内部及企业发展产生过大的波动的话，需要注意以下两点。①时间节点的选择。当继承人进入企业时，若企业处于发展上升期，整个宏观环境和行业发展都是乐观的时候，继承人进入企业给企业带来的变化，在一定程度上就不会给企业造成产生过大的影响，同时企业环境也不会给继承人带来很大压力。这种节点会使良好的业绩在一定程度上削减了传承压力。②需要企业本身中高层队伍建设处于比较稳定的状态。上传下达通畅是企业稳定的一个重要因素，当继承人进入企业，若基本的队伍运行平稳，就不会影响到企业的运行，一定程度上可以缓解和消除传承给企业带来的冲击。

8.5.6 案例解析

"基业常青"是每个家族企业的梦想，但由于创业一代和收成一代的背景差异，更多的家族企业是面临着传承的困难甚至失败。本案例基于湖南一力股份有限公司的代际传承的成功实践，旨在提醒民营企业家朋友在思想上重视代际传承，主动面对、提前筹划代际传承问题，按照科学的方法和严谨的步骤实施到代际传承过程中，防止企业发展出现重大波折，实现企业的可持续发展。本案例呈现了"子承父业"传承模式的全部设计和操作过程，包括继承人的传承计划、继承人的培养、甄选以及最终的方案实施，具有很强的引领意义和借鉴价值。

评价： 家族企业传承首先是理念问题，案例中的创业者能在身体尚好、精力比较旺盛时期提前主动实施企业传承，很值得诸多民营企业效仿，这是我们选择本案例的重要原因。在传承人的培养和选择方面，案例企业能够较早地对传承对象有意识进行系统培养，将其送到国外留学，回国后从基层开始在不同部门工作，增加其历练和经验，并且用较长的时间渐进式实现公司控制权的转移，达到了公司平稳过渡的效果。本案例揭示了传承过程中的有效问题和矛盾，有助于读者更好地理解代际传承的复杂性，根据实际情况学习借鉴。

使用说明： 组织的代际传承可以追溯到中国的皇位更迭，是一个历史性难题。由于深厚的宗法思想，也由于私有财产的血统继承理念，传承人的选择对象本身就局限于子女这一个很小的群体，具有太小的选择空间和太多的无奈。由于创业一代的成功是通过恶劣环境竞争所得，创业者实际上是自然选择中胜出的优秀者，而传承对象只是因为血统关系形成的天然继承人，并非社会或残酷自然环境遴选出来的杰出者，导致传承过程往往是权力的交接而非能力的转移或精神的传递，传承的结果往往未尽如人意。为此，我们很推崇时下部分学者和企业家提出的创业传承思想和方法。通过第一代企业家支持和引领传承对象跨代创业，实现企业家精神的传递，通过能力的有效培养实现能力的跨代传承，这可能是中国企业最优的一种代际传承思路；通过跨代创业模式增加传承者的历练，磨砺其意志，砥砺其精神，突破成长中的困境，真正完成企业家能力和精神的有效代际传承和持续的财富创造，是具有极大理论和现实意义的课题，希望引起读者重视。

案例研讨：
1. 不拘泥于简单的财产所有权和控制权的转移，讨论代际传承的内涵。
2. 选择和培养合格的传承对象，你还有什么新办法？

第 9 章 民营企业的核心员工的流失问题及对策

在全球经济竞争日益激烈的情形下，我国民营企业面临着前所未有的挑战。据 2014 年《中国民营企业发展报告》显示，全国每年新生 15 万家民营企业，同时每年又倒闭 10 万多家，有 60% 的民营企业在 5 年内破产，有 85% 的在 10 年内倒闭，其平均寿命只有 2.9 年。根据我们于 2013 年 11 月针对湖南省的成长性民营企业调研结果：66.2% 的企业面临严重的员工流失问题，而 48.7% 的企业主要是面临操作技术人才的严重流失；根据我们于 2015 年面向广东、广西、江西和湖南四省（区）民营企业的调研结果：湖南省 75.0% 的企业面临用工短缺，其中操作技能人才短缺的企业达 42.7%，中高层管理人才短缺的企业达 40.5%；江西省操作技能人才短缺的企业为 48.8%，中高层管理人才短缺的企业为 33.7%；广西企业用工紧缺最为严重，比例为 87.1%，其操作技能人才短缺的企业为 60%[1]。由于中国民营企业所面临的由所有制引起的意识形态障碍以及由中国体制机制特征所构成的诸多客观性、歧视性金融环境，其核心人才的吸聚和留用难度更大，面临的核心人才流失更为突出[2]。甚至可以说，核心人才流失是中国民营企业顺利成长和发展过程中必须要克服的重要问题，也是研究中国民营企业人力资源管理无法回避的难点和热点问题。

9.1 核心员工的概念及主要特征

9.1.1 核心员工的概念

关于企业核心员工（Key Employee）的含义，企业界和理论界的探讨和争论比较多，Dess，Gregury 和 Jason（2001）[3]从组织社会网络系统角度研究认为，组织核心员工是处于组织网络节点（社会主体）具有创造倍增性关联价值影响力的人员。英国管

---

[1] 颜爱民，等. 中国中西部中小微企业人力资源研究 [M]. 中国社会科学出版社，2016.
[2] 同①.
[3] Dess，Gregury G & Jason D. Shaw. Volunlary Turnover，Social Capital and Organizational Performance [J]. Academy of Management Review，2001（26）：446－456.

理学家查尔斯·汉迪（2002）[①]形象地使用"三叶草"来说明当代组织的人员构成，并由此定义核心员工。他认为当今组织是由核心员工、契约工作者和具有伸缩性的劳工三组迥然不同的人员组成的，而三叶草的第一片叶子代表了核心员工，他们由优秀的专业人员、技术人员和管理人员组成，是非常重要且不能随意更换的群体。

从管理学意义上看，核心员工是指那些拥有专门技术、掌握核心业务技能或控制关键资源，对企业绩效及未来发展产生深远影响，在某方面"不可代替"的员工。通常而言，核心员工需要经过较长时间的教育和培训，拥有较强的专业技术和技能，具有较高的个人人力资本存量，市场稀缺程度较高，市场竞争较激烈。核心员工一旦离职将会对企业经营产生不利影响，空缺的工作岗位难以找到合适的人来替代，重置成本较高。

9.1.2　核心员工的主要特征

企业核心员工主要因其在企业中存在的价值贡献较大、市场稀缺性较强、市场竞争较为激烈而成为研究的重点。根据企业的运行特质，企业核心员工或者是因其在管理上的重要而存在，或者是因其技术上的稀缺而体现，或者是因其市场能力或操作技能的特殊而存在。所以，核心员工往往具备如下主要特征。

1. 价值优越性

核心员工具有区别于其他员工的独特能力，这种能力具有难以复制、难以模仿性，并能为企业带来超额价值。他们是企业的灵魂和骨干，对公司的发展具有极大的影响，并且在某些方面是不可替代的，这种独特的能力使核心员工与普通员工在社会地位、组织地位、个人价值、个人回报上得以区别开来。

2. 具有某项或者多项独特性技能

这些技能包括研发、设计、制作等能力，也可是市场策划、营销，还可以是管理、公共关系，甚至还包括语言、计算等能力。总之，是组织价值目标实现所需要而又难以获取、难以复制的能力。具体内容因组织不同而异，如企业组织和高等学校、医院的核心员工特征就不同，不同企业核心员工的特质和要求也不同。

3. 有更强烈的社会和自我实现需要

核心员工一般属于社会精英阶层，在人力资源市场中具有稀缺性特征，其一般超

---

① Charles Handy B. The future of work: A guide to a changing society [M]. Blackwell Publishers，1984.

出基本需求,社会性和心理性需求特征更加突出;他们到企业工作,并不仅仅为了工资,更是为了发挥专长、成就事业,渴望被尊重并且实现自我价值,获得社会认可。

4. 较低的企业忠诚度和较高的专业忠诚度

随着社会的市场机制的进一步深化,社会的分工和协作日趋紧密。在人力资源市场上,企业更多地体现在对知识和技能的获取上,人们的职业观和就业价值观也受到市场机制的深刻影响,越来越忠诚于自己的专业和技能,而对企业的忠诚度在弱化。尤其是核心员工,往往因其专业程度高而成为核心,他们往往更关心的是个人在专业领域取得的进步以及价值回报,相对而言对企业的忠诚度就低。

5. 较高的流失成本

核心员工的流失成本包括有形成本和无形成本两个方面,其中有形成本包括离职成本和重置成本(含招聘成本和培训成本等)、空缺成本等;无形成本指企业声望下降、商业机密泄露、员工士气和团队凝聚力受到影响、客户流失、知识流失等[1]。根据美国管理学会(American Management Association,AMA)的报告,替换一名员工的成本至少相当于其全年工资收入的 30%,对具有紧缺特征的核心员工而言,其替换成本相当于全年工资收入的 1.5 倍。较一般员工而言,核心员工流失的无形成本很大,不可忽略。

9.2 代表性的员工流失模型

9.2.1 马奇和西蒙模型

马奇(James G. March)和西蒙(Herbert A. Simon)的雇员流失模型也被称为"参与者决定模型"。该模型实际上是由两个模型构成,一个模型分析的是"感觉到的从企业中流出的合理性",另一个模型分析的是"感觉到的从企业中流出的容易性"。

如图 9.1 所示,员工对工作的满意程度及其对企业内部流动可能性的预期是这里的两个最重要的决定因素。在图 9.2 中所示的员工感觉到的流出的容易程度的决定因素中,马奇和西蒙特别强调员工所能够看到的企业的数量,他们胜任的职位的可获得性以及他们愿意接受这些职位的程度。

---

[1] 郭力立,胡若歆. 人才流动的成本收益函数分析[J]. 科技进步与对策,2006(09):158-160.

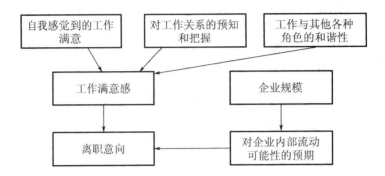

图 9.1　决定员工感觉到的流出的合理性的因素

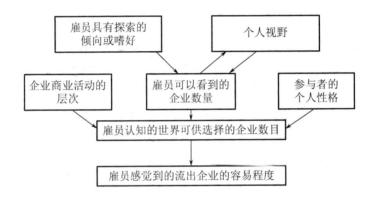

图 9.2　决定员工感觉到的流出的容易程度的因素

9.2.2　普莱斯模型

美国学者普莱斯（Price）从员工流出的决定因素和干扰变量因素出发建立普莱斯模型（图 9.3），该模型指出对离职产生影响的内生中介变量有工作满意感和组织承诺，外生变量分为三个大类：环境变量、个体变量和结构化变量。其中环境变量包括亲属责任和机会；个体变量包括一般培训、工作投入度、期望匹配度和积极/消极情感；结构化变量被定义为工作场所中工作环境的特征和员工的社会交往模式[1][2][3]。

---

① Price J. The study of turnover [M]. Jowa state university press，Ames，1977.
② Price J L. Reflections on the determinants of voluntary turnover [J]. International Journal of Manpower，2000（22）：600－624.
③ Price J L. The development of a causal model of voluntary turnover. In R. Griffeth & P. Hom（Eds.），Innovative theory and empirical research on employee turnover. Greenwich：JAP Press. 2004：3－32.

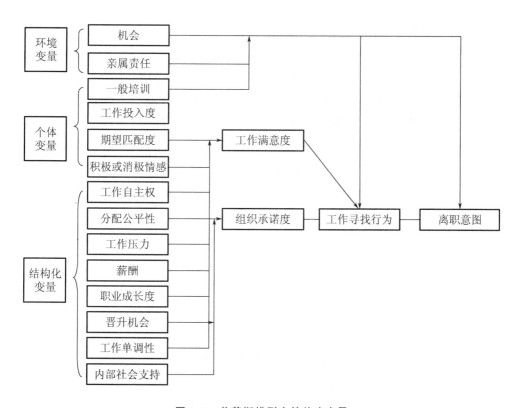

图 9.3　普莱斯模型中的外生变量

普莱斯模型主要依据期望理论，假设员工是带着一定的期望和价值观进入组织的[1]。如果这些期望和价值观在雇员进入组织后能够得到满足的话，雇员会感到满意并对组织有较强的依附感，会选择留在组织，反之则会流失。在模型中，员工期望的工作条件被称为"结构化变量"，员工期望的外界环境条件被称为"环境变量"。模型中形成影响离职意图的变量有五类：环境变量、个体变量、结构化变量、中介变量和控制变量。其中环境变量包括亲属责任和机会；个体变量包括一般培训、期望匹配度、工作投入度和积极/消极情感；结构化变量包括工作自主权、分配公平性、工作压力、薪酬、职业成长度、晋升机会、工作单调性以及内部社会支持。其中工作压力的四个维度是：资源匮乏、角色模糊、角色冲突和工作负荷；内部社会支持程度包括上司、同事对工作的支持程度两个维度。内生中介变量包括工作满意度、组织承诺度和工作寻找行为。人口变量在普莱斯模型中主要作为控制变量存在[2]。

---

[1] 张勉，张德，李树苗.IT企业技术员工离职意图路径模型实证研究[J].南开管理评论，2003（04）：12-20.

[2] 张勉，张德.企业雇员离职意向的影响因素：对一些新变量的量化研究[J].管理评论，2007（04）：23-28、63.

9.2.3 莫布雷中介链模型

莫布雷（Mobley）在马奇和西蒙模型的研究基础上，同时吸收普莱斯模型的优点，提出了莫布雷中介链模型（图9.4）。该模型建立在假设员工打算辞职的意图而非离职行为可能导致员工流失，主要描述员工工作的满意程度与员工离职行为之间的行为与认知过程[①]。

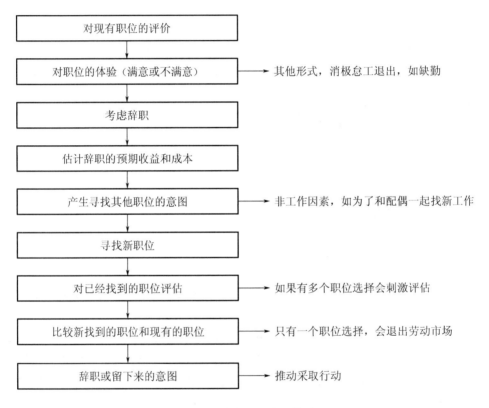

图9.4 莫布雷中介链模型

莫布雷中介链模型，虽然吸取了众多研究成果之所长，但仍然有许多局限性，至今仍有许多细节值得研究，例如：员工流出企业后工作机会的多寡、员工流出的难易程度等。

---

① Mobley W H. Intermediate linkages in the relationship between job satisfaction and employee turnover [J]. Journal of Applied Psychology，1977，62（2）：138-152.

9.3 防止核心员工流失的主要方法

9.3.1 以战略人力资源管理构建有效的核心员工保留体系

战略人力资源管理（Strategic Human Resource Management，SHRM）的核心就是系统地将人与组织联系起来，将人力资源管理与企业战略融为一体，成为实施战略目标的有效支撑和有机组成部分。它会从战略高度确定核心员工在企业战略目标实现过程中的战略地位，为确保企业战略目标的实现而要求整个人力资源管理体系朝着有益于核心员工保留和发挥价值的目标优化。在实施战略人力资源体系的企业中必定为核心员工设置明确的任职资格条件、设计清晰的职业发展规划、提供公平有竞争力的薪酬、实施战略性的人力资源规划、提供高质量的系统培训机会、营造有凝聚力的企业文化[1]，使核心员工在企业工作中有较高的参与度，有较强的归属感，从而使核心员工在企业中能充分发挥自己的才能、实现自己的价值，并有良好的预期和安全感，从根本上有效防止核心员工的流失。

9.3.2 提高工作嵌入度，增强组织与核心员工黏性

核心员工是处于组织网络节点具有创造倍增性关联价值影响力的人员，他们通常位于组织网络的中心节点，具有较高个体人力资本价值，这种网络资源优势地位也决定了他们的流失会对组织造成巨大损失。上文的几种流失模型对核心员工的特征把握尚显不足，美国学者 Mitchell 于 2001 将工作嵌入（Job Embeddedness）导入离职模型，可以更有效地指导解决核心员工的流失问题[2]。工作嵌入代表个体与工作的嵌入程度，用于解释个体为什么留在组织中的一系列因素，具有非情感性、多维度的特点。工作嵌入包括三个核心部分：①联结（Link），指个体与他人、社区及其他活动的正式或非正式的联结；②匹配（Fit），指个体所在的组织和社区与其生活空间的相似性；③献身（Sacrifice），指个体离开组织或社区将面临的牺牲或损失，包括物质上和心理上的损失[3]。个人并不完全因为薪酬、满意度等因素离开或者保留在公司，工作嵌入

---

[1] 孙清华. 战略人力资源管理视角下的核心员工保留模型 [J]. 东岳论丛，2008（02）：90-93.
[2] Mitchell T R, Holtom B C, Lee T W, et al. Why people Stay: Using Job Embeddedness to Predict Voluntary Turnover. Academy of Management Journal，2001（44）：1102-1121.
[3] 袁庆宏，陈文春. 工作嵌入的概念、测量及相关变量 [J]. 心理科学进展，2008（06）：941-946.

程度对核心员工的流失和保留起着至关重要的作用。据此，可以从如下六个方面[1]增加企业与核心员工的黏度，防止核心员工的流失。

（1）建立员工与工作的动态匹配观：通过个人职业发展计划，组织可在雇员职业生涯各个阶段持续提供工作机会。

（2）促进非工作匹配：如组织提供有关社区活动资源，利用弹性工时制、分时工作等为雇员爱好提供便利、提供自助餐式薪酬计划，供员工选择适合其生活方式的报酬组合。

（3）促进员工与工作的联结：如采用导师或伙伴制、团队制（可引入长期项目和建立具有特性的项目小组）以及建立团体成就公认制。

（4）促进员工的非工作联结：如组织资助或提供时间让员工参与各种非工作活动（社区义工或美化）、资助一些社团为员工服务等以增强建立联结的机会和力度。

（5）通过引入长期财务激励建立工作牺牲：除了传统的"金手铐"外，可提供基于组织工龄休假制，适合的实惠激励，如住房、个性娱乐资助、子女教育资助、职业发展与培训资助等，还可以将办公条件、停车场位置等与任职期联系起来。

（6）提高员工的非工作牺牲：这尤其对员工放弃跨地区流动离职非常重要，如组织提供用于外出的交通工具、周末日托便利和对长期社区服务的支持等，一旦员工离职将会丧失。

9.3.3　重视和履行心理契约，从心理上拴住核心员工

"心理契约之父"莱文森（Levinsion）1962年最早界定了心理契约（Psychological Contract）概念：心理契约是组织与员工事先约定好的内隐的各自对对方所怀有的各种期望[2]。心理契约中的这种期望在意识上比较模糊，比如说个人的职业成长空间、工作的自主性等，它有内隐性特征，但普遍存在于组织和员工之间，是雇佣关系的基础，贯穿于人力资源管理的全过程，是人力资源管理与员工忠诚度之间的重要连接。心理契约是组织和员工对雇佣关系中隐含的相互允诺和责任的知觉，从本质而言，"心理契约是组织和员工之间内隐的交换关系"。心理契约可划分为交易和关系两个维度。在交易维度中，组织明确地或内隐地承诺根据员工所完成的任务提供专门的、一定时期内（短期）的报酬，如快速发展、高工资和绩效工资等；而关系维度则强调员工和雇主之间的社会—情感的交互作用，包括长期的工作保障、职业发展和个人问题的支持等[3]。大量的研究发现，企业与员工之间的心理契约不协调是造成员工对企业忠诚度

---

[1] 梁小威，廖建桥．"工作嵌入"模式与组织核心员工保持［J］．科技进步与对策，2005（01）：119-121．

[2] Levinson H, Price C R, Minden K J, et al. Management and Mental Health. Cambridge：Harvard University Press，1962．

[3] Robinson S L, Rousseau D M. Violating the psychological contract：not the exception but the norm［J］. Journal of Organizational Behavior，1994（15）：245-259．

下降的主要原因。如前所述,企业核心员工更多地追求社会需要和自我价值实现,对心理感知更敏锐,心理契约对其作用和影响更大。

与心理契约建立对应的是心理契约破裂(Breach)和心理契约违背(Violation)①。心理契约破裂是指个体对于组织未能完成其在心理契约中应承担的责任的认知评价;心理契约违背是指个体在组织未能充分履行心理契约的认知基础上产生的一种情绪体验,它是在心理契约破裂后产生的愤怒、怨恨、辛酸、愤慨和义愤,是一种"情绪混合体"。心理契约违背的形成过程如图9.5所示。

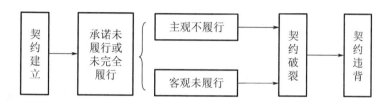

图 9.5　心理契约违背形成过程

Rousseau②认为,员工是否忠诚于企业,固然要受到员工与企业之间正式合同所规定的契约条款的影响,但更多的是受那些非正式的、书面合同没有涉及的方面的影响。员工与企业之间在心理契约上的理解越趋向于一致,员工的期望越是能够实现,员工也越忠诚于企业。根据朱晓妹和王重鸣③在中国的实证研究,也证明了心理契约对核心员工的保留产生十分重要的作用:核心员工在基本物质和情感需要得到满足的情况下,更看重的主要是心理契约上的个人未来的发展和职业竞争力等内容。张兰霞等④对618名管理人员和技术人员(核心员工)研究发现,包括成长空间、能力发挥、学习培训、价值文化、工作挑战以及个人背景特征等在内的心理契约因素对核心员工忠诚度产生重要影响。郑子林⑤对知识型员工(核心员工)的研究明确显示,严重的心理契约背弃会使核心员工采取退出行为。据此,我们认为,为了有效地保留核心员工,防止流失,从心理契约的角度应该做出如下努力。

(1)在招聘过程构建良好的心理契约。招聘过程是员工与企业初次发生接触的时候,也是心理契约构建的第一个环节,企业和应聘者应负有同样的责任和义务,在招聘之初就积极地向对方传递各自的真实信息。

---

① Morrison E W, Robinson S L. When Employees Feel Betrayed: A Model of How Psychological Contract Violation Develops. Academy of Management Review,1997,22(2):226-256.
② Rousseau D M. Psychological Contracts in Organizations: Understanding Written and Unwritten Agreements. Thousand Oaks: Sage Publications,1995.
③ 朱晓妹,王重鸣. 中国背景下知识型员工的心理契约结构研究[J]. 科学学研究,2005(01):118-122.
④ 张兰霞,闵琳琳,吴小康,李峥. 基于心理契约的知识型员工忠诚度的影响因素[J]. 管理评论,2008(04):39-44、57、64.
⑤ 郑子林. 知识型员工心理契约违背的影响及预防措施探析[J]. 管理世界,2014(04):1-4.

（2）企业积极履行心理契约。核心员工注重其自我价值的实现，因此企业必须要重视核心员工的个体成长和职业生涯的发展。以培训的方式帮助核心员工提升自己的综合能力、塑造正确的价值取向以及加强对企业文化的认同，帮助员工制定科学合理的职业生涯发展目标并建立多重职业生涯发展阶梯，可以为员工在不同工种、不同阶梯的职位间寻求发展机会提供条件。

（3）企业要加强与核心员工的沟通。核心员工的理解能力和沟通能力比一般员工更高，在心理契约建立阶段，有效的沟通能够帮助契约双方更加明确地了解双方的期望和义务、契约的变化和修正。

（4）保持公平、公正、公开的考评机制，避免心理契约破裂。根据公平理论，员工不仅会进行纵向的自我对比，还会与和自己付出同样努力的人的所得进行横向的对比，而且更为在意横向的对比。所以，企业对核心员工要进行公平、公正、公开的考评。

（5）员工要积极履行对组织的承诺，与组织共同维护心理契约。契约的破裂是缔结契约双方共同作用的结果，员工与组织的不作为都会导致契约的破裂。因此，在要求企业履行承诺的同时，员工也应该积极地履行自己的义务，从正面来促进组织承诺的履行。

9.3.4 优化企业生态环境，从生态位角度吸聚核心员工

生态位（Ecological Niche）是指允许一个物种生存和繁殖的特定环境变量的区间，或一种生物与其他生物和生态环境全部相互作用的总和。生态位及其构建理论，主要针对有机体适应性问题，强调有机体与环境互动匹配及其在环境中的积极作用，可以更立体、全方位地认识事物以及其与所生存环境的互动关系。所以我们将核心员工的生态位定义为：核心员工在社会环境中所能够选择的地位和角色的最大域，是核心员工各生态因子综合作用的结果，每个生态因子的阈值都在一定程度上决定了核心员工某一方面的特征[①]。核心员工生态位是核心员工在特定企业中的特定位置。这一特定位置（地位和角色）有两个方面的含义：首先，核心员工自身所拥有的一些特质将为其在一定的环境中获得特定位置奠定基础；其次，核心员工所归属的企业等环境的一些特质同样为其获得特定位置提供支持[②]。

我们在对 7 家企业、33 名核心员工进行访谈调研中，运用扎根理论方法，发现了影响核心员工成长与发展并支撑其成长为核心员工的因素，提取出核心员工的 7 个生态因子：品格素养、个人能力、自身积累、企业地位、组织影响、社会家庭地位、发展动力[③]。在遴选出核心员工的生态因子后，建立核心员工职业发展的生态位模型，可为企业核心员工职业发展管理提供新的思路和方法，并且生态因子的动态性还可以

---

① 颜爱民，徐晓飞．核心员工生态因子识别实证研究［J］．科技管理研究，2010，30（03）：204-208．
② 颜爱民，胡斌，齐兰．企业核心员工生态位构建行为的探索性研究［J］．管理评论，2012，24（03）：124-131．
③ 颜爱民，徐晓飞．核心员工生态因子识别实证研究［J］．科技管理研究，2010，30（03）：204-208．

弥补其他研究指标的片面性和静态研究的不足。在2012年的研究中,我们进一步发现,核心员工生态位的构建行为包括8个类别,分别是:自我发展、责任意识、创新行为、职业忠诚、助人行为、协调沟通、进谏行为、组织忠诚。研究证明生态位构建行为对工作绩效或组织承诺有显著的预测力。一方面,生态位构建行为强度越大,即核心员工的投入程度增大,最直接的体现就是工作绩效的提高;另一方面,生态位构建行为是核心员工的努力投入行为,这种投入越大,其离开企业的成本也越大,因此离开企业的可能性越小,这说明生态位构建行为的实施能够使核心员工更加愿意为组织效力,也就是说核心员工生态位构建行为有助于提高核心员工的组织承诺。

9.4 典型案例:三一重工某事业部核心员工流失问题及对策研究

9.4.1 事业部发展概述

三一重工某事业部是集团主体事业部之一,该事业部主导产品有混凝土输送泵、混凝土输送泵车、混凝土搅拌站、混凝土搅拌车等。目前,混凝土输送机械、搅拌设备已成为国内第一品牌,混凝土输送泵车、混凝土输送泵市场占有率居国内首位,泵车产量居世界首位,是全球最大的长臂架、大排量泵车制造企业。现有员工近两万人,其中研发人员逾1 000人,目前的主要人员分布见表9-1。

表9-1 事业部主要人员分布表

级别	核心管理人员		专业技术人员		核心营销人员	
	人数	占员工比例(%)	人数	占员工比例(%)	人数	占员工比例(%)
高级	104	0.52	2 600	13	1 900	9.5
中级	312	1.56	3 900	19.5	2 700	13.5
初级	1 764	8.82	1 560	7.8	1 400	7
合计	2 180	10.9	8 060	40.3	6 000	30

多年来,以该事业部的产品为代表,三一重工不断取得举世瞩目的成绩。2002年,三一重工在香港国际金融中心创下单泵垂直泵送混凝土406米的世界纪录。2007年12月,在上海环球金融中心以492米再次创造单泵垂直泵送的世界新高。三一重工还研制出世界第一台三级配混凝土输送泵。2007年10月,由三一重工自主研制的66米臂架泵车问鼎吉尼斯世界纪录。2008年年底,三一重工推出72米世界最长臂架泵车,实现了对混凝土泵送技术的又一次跨越。在国内,该事业部建有遍布全国的100多个营销、服务机构,拥有56个服务网点仓库、6条800绿色服务通道。在事业部下设4个子公司,分别是湖汽公司、中成公司、中源公司、车身公司。

9.4.2 核心员工流失原因及现状分析

在 2001 年,国家经济贸易委员会下发文件明确规定各直辖市、省会城市、沿海开放城市和旅游城市要积极发展预拌混凝土;建设部还颁布了《公路工程施工总承包企业资质等级标准》,对施工企业的设备配置提出了更高、更具体的要求;国家还加强了《招标投标法》的专项检查。在这种开放的环境下,工业机械行业迅猛发展,国内大量工业机械类企业迅速崛起,国外的工业机械企业也纷纷进入中国设厂生产,并在本土销售,以降低生产成本、争夺庞大的中国市场。这样开放的环境对三一重工企业来说既是机遇又是挑战,国内外的同类企业在抢占市场份额的同时,也使得事业部的核心员工出现大量流失的情况,核心员工大量跳槽到同类企业中。在 2012 年,事业部的核心员工流失率已累计达到了 26%,严重影响了事业部的正常发展。

根据核心员工的定义,我们认为该事业部的核心员工是指在公司工作 3 年以上,接受了系统的专业知识和市场营销知识培训,具备比较丰富的实践工作经验,能够创造较大价值,或者是已经创造较大价值,对事业部发展具有较大影响的员工。这部分员工主要是指中高级事业部管理层、专业技术人员和市场部业务骨干。

核心员工在 2010—2012 年的流失状况见表 9-2,其中,2012 年各类中高级员工流失率高达 26%,为 3 年中最高水平,核心管理人员流失率占当年流失员工的 3.5%,核心技术人员流失率占当年流失员工的 39.8%,核心营销人员流失率占当年流失员工的 56.7%。2010—2012 年,核心营销人员均是核心员工中流失比重最高的群体,其次为核心技术人员。

表 9-2 2010—2012 年员工流失状况

单位:人

年度	合计	核心管理人员流失		核心技术人员流失		核心营销人员流失	
		高级	中级	高级	中级	高级	中级
2012	2 886	30	70	485	664	727	910
2011	2 001	24	57	276	426	533	685
2010	1 585	20	50	170	328	425	592
平均数	2 158	25	59	311	473	562	729

9.4.3 核心员工流失特点及原因分析

1. 流失特点

事业部核心员工流失有几个突出特点。一是员工流失面广、量大。事业部在本地区同行业中具有雄厚的人力资源，其核心员工大致占全体员工的 1/2，包括核心管理人员、核心技术人员和核心营销人员。各部门都有核心员工流失，总数要占全公司总人数的 1/3，可谓面广量大。二是员工离职多是基于对公司的不满而竞争对手提供的条件更好，大部分跳槽到竞争对手企业中去的。三是流失速度快。统计发现，在流失的核心员工中，入职在三年以内的占 58%，一年内就离职的占 20%。

2. 流失原因

（1）企业没有专门针对核心员工的人力资源分析和管理措施，基本上将基层和操作面上员工的管理思想和方法直接延伸到了核心人力资源管理中，整个管理体系主要是经济利益和物质奖惩，完全不符合核心员工的特征。

（2）企业不能把握核心员工需求，提供有效的需求满足。如忽视核心员工的心理和社会性需求，缺乏对核心员工的职业生涯规划等。

（3）企业未给核心员工设计系统的培训体系。企业仅设置了通用类的培训体系，缺乏专门针对核心员工的培训体系，核心员工没有持续成长所需的学习机会。

（4）缺乏科学有效的情绪管理机制。公司没有针对员工尤其是核心员工的情绪状况反馈和处理机制，此外不能及时了解核心员工的不满情况，更没有合适的宣泄和沟通制度予以化解，核心员工的不满情绪累积引发流失。

3. 核心员工流失的负面影响

事业部的核心员工大量流失，对事业部造成极大伤害，甚至危害到该事业部的正常运营和发展。主要影响体现在以下几点。

（1）客户流失。企业核心员工往往掌握着企业的核心资源或者直接承载着企业部分核心优势。比如核心营销人员往往掌握大量的重要客户资源，他们的流失必将带来客户的流失。核心员工熟悉的本公司市场操作方法和手段及商业机密，由于流失到竞争对手企业，而失去竞争优势甚至成为竞争对手反制企业的有力工具，这可能导致成批客户流失和成片市场的丧失。

（2）破坏事业部的正常工作氛围，影响员工队伍稳定性。个别核心员工的离开，导致其他员工对事业部产生了各种猜疑，从而致使团队凝聚力下降，在事业部内部产生恶性循环，核心人员流失进一步加大。

（3）公司形象严重受损。核心员工的大量流失致使潜在应聘者以及利益相关者猜疑事业部内部管理存在问题，致使事业部形象受损；另外，事业部未做好核心员工的离职管理，也不利于其良好形象的建立。

（4）增加企业人力重置成本。核心员工离职后职位的空缺使得事业部重新招募核心人才，但与企业匹配程度高的合适人才寻找难度大、重置成本高。此外，核心员工一旦离职将会对企业经营产生不利影响，甚至严重影响事业部的整体绩效，进而影响了工作的连续性和工作质量。

9.4.4 核心员工流失问题的解决思路与模型设计

项目组认为,解决问题的关键集中在如何有效地实现事业部和员工的共同发展,即企业在发展的同时为员工的发展提供机会和空间,反过来,也通过员工的发展促进企业的进一步发展。

在企业目标与大多数员工的目标发生冲突时,需要对组织目标进行调整。项目组借鉴员工流动模型,从企业、个体以及经济和劳动力市场三方面因素对事业部员工流失原因进行分析,企业因素中的企业经营战略、企业形象塑造,个体因素中员工个性特征、职业生涯预期,经济和劳动力市场因素中的行业特点等都是造成事业部员工流失的主要因素,在提出应对策略时,这些因素都是重点要关注的内容。具体的解决模型如图 9.6 所示。

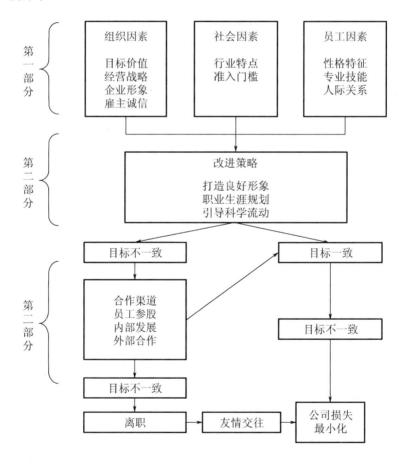

图 9.6 核心员工流失问题解决模型

需要指出的是,第二部分中所实施的措施会使一部分员工选择留在事业部。这部分员工主要是独立发展意愿低的员工，事业部在对自身做出改变后，可以缩小组织和部分核心员工在价值目标上的差距，目标基本达到一致后，这部分核心员工离职意愿降低。但是对离职意愿强烈的员工，这些措施只能暂缓他们的离职行为，并不能从根本上阻止离职的发生，因此需要提出进一步的改进措施，就是增加事业部与核心员工合作的渠道和方式，具体为图9.6中的第三部分，这部分与第一部分的目标价值、性格特征、专业技能、人际关系等对应。另外，考虑到员工流失的必然性，事业部还需要建立与离职员工的长期友好交往制度，其目的是赢得口碑和提升形象，为事业部的长远发展创造良好环境。

9.4.5 核心员工流失解决策略

项目组从战略人力资源管理、工作嵌入度、心理契约、生态位等角度出发，结合以上提出的核心员工流失问题解决模式，着重从以下几个方面来留住员工，即从战略人力资源管理的高度出发，设置科学合理的核心员工管理制度，为核心员工设计清晰的职业发展规划，提供系统的培训，加强企业与核心员工之间的交流。

1. 对核心员工进行激励

为留住核心人才，注重营造良好的工作环境，需结合核心员工的特征并从战略人力资源管理角度出发设计科学合理的激励制度，从而达到核心员工不对企业失望、充分发挥自身才能的目的。从前文对核心员工特征的分析中可以发现，核心员工忠于专业更甚于某一企业，他们有很强的成长需求，而企业的工作岗位恰好给他们发挥专业特长，促使其快速成长提供了一个平台。核心员工都是具有差异化的个体，具有强烈的自主性，喜欢从事自己感兴趣的或认为具有挑战性的工作。因此，事业部结合核心员工的特征，通过工作内容的激励来使他们的创新能力、判断直觉、分析能力等能得到充分发挥，具体从以下几个方面进行。

（1）核心员工岗位的再设计。

为核心员工创造一个能充分发挥他们热情与潜能的工作环境，就要在信任的基础上充分授权，给他们更大的自由度，将核心员工推至工作流程前端，鼓励他们自主决策，而管理者则转变为企业的资源提供者和过程控制者。

核心员工的岗位再设计主要包括以下内容。①工作内容扩大化。事业部的管理者首先可以通过逐步加大工作难度，不断地为核心员工提供更具挑战性的工作来调动其积极性。其次给核心员工分配更多的工作，来增加员工的责任。采用工作扩大制不仅能够激励员工，还能减少公司的经营费用。②工作轮换。一方面，把员工横向调往同等级且技能要求相似的另一职位，可以降低员工持续做同种工作导致的厌倦感，也可以使他们掌握更多的技能；另一方面，由于组织扁平化趋势的影响，员工会发现自己的晋升机会不断减少，职业发展停滞或遇到发展瓶颈。核心员工通常处在一些关键职位上,他们可以发展的空间在企业中相对较少,如果每个人都向上发展的话,就比较难以实现。③工作丰富化。事业部通过增加员工垂直方向的工作内容来达到工作的丰富化,让员工对自己的工作掌握更大的控制权,使他们享有更多的自由度、独立性和责任感。根据核心员工的工作特性,还可以从四个方面变化工作形式:任务合并、建立自我管理的工作团队、与客户建立联系和建立反馈途径。

(2) 核心员工参与管理。

事业部明确规定各部门需使核心员工参与到部门的决策过程和各级管理工作中,为各项决策贡献专业意见,同时对核心员工进行充分授权并给予相应的责任。核心员工参与了决策过程,决策会更容易被接受、理解更深刻,在实施过程中也会做得更加彻底。同时,参与能给核心员工更大的发展空间,这种方式不仅凸显了他们所拥有的智力资本,而且使他们的创造力具有挑战性。

(3) 利用虚拟股票期权对核心员工进行长期激励。

核心员工是事业部创新与发展的中坚力量,他们的工作既具有巨大的创造性与增值性,同时也具有难以监督性,由此引发了企业与核心员工在有关专业性方面的信息不对称。因此,事业部拟采用虚拟股票期权的方式实现对其核心员工的长期激励,通过恰当的股权安排体现核心员工的价值,最大限度地调动其参与生产经营活动的积极性,将其个人收益与企业的成长与发展联系在一起,弱化信息不对称所引起的道德风险,使核心员工的行动趋于长期化。具体的实施步骤如下。

① 确定核心员工授予虚拟股票期权激励的范围。

为了能充分发挥长期股权激励的效果,对核心员工实施长期股权激励应与绩效挂钩。股权激励应有选择地实施,范围不宜过大,以此来调动核心员工的积极性与创造性。企业可选择在技术上有较大突破与创新、直接给企业带来较大利润或者对工艺有重大改造、极大提高产能或降低能耗的技术人员;工作满一定年限、绩效考核优异的管理人员以及开拓性地发展了市场、使产品占有率有突破性提高的销售人员等开展虚拟股票期权激励。

② 制订具体的虚拟股票期权激励计划。

激励基金来源与金额:用事业部当年的税后利润作为激励基金,对管理人员、技术研发人员和销售人员按一定比例进行分配。

授予虚拟股票期权的数量:对当年的激励基金不全部予以发放,提留一部分作为今后年度对诸如重大技术发明等授予特别虚拟股票期权的基金基础。

虚拟股票期权实施管理办法:由三一重工提供一部分股份,根据核心员工工资水平或劳动贡献大小,把这些股票分配给每个核心员工,分配的结果不是直接让核心员工得到现金,而是得到一种投资凭证(称为核心员工劳动股)。

2. 开展明晰有效的核心员工职业生涯规划

有效的职业生涯规划必须同时考虑员工个人因素、所在组织提供的发展条件以及社会环境所给予的支持和制约等因素。一般来说,每个人的职业定位可以分为五类:技术型、管理型、创造型、自由独立型和安全型。一个人的职业生涯大致可分为四个阶段:立业阶段、前进阶段、维持阶段(也称成熟阶段)和衰退阶段,如图 9.7 所示。①

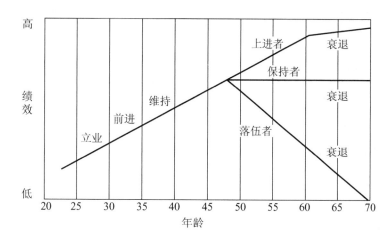

图 9.7　个人事业周期图

在这个周期中,个人在组织中的事业往往沿着三个方向发展:纵向发展——在公司内部沿垂直层级的阶梯向上发展,表现为一系列的提升和发展;横向发展——在公司各平级职能部门之间发展和变动,其发展的领域是与个人的知识、技术和经验相关的;向核心方向发展——由公司外围逐步向内圈方向变动,成为公司专家队伍中的一员。

根据个人事业周期及个人在组织中的发展得知,事业部引入了多重职业发展通道(管理晋升通道—专业技术发展通道—业务发展通道),为其核心员工设计了如图 9.8 所示的职业路径。

核心管理人员、核心技术人员、核心营销人员在各自的专业路径上均有升迁阶梯,同一等级的核心营销人员和核心技术人员如果有意向并有能力进入管理岗位当中,也可以轮岗至相同等级的管理岗位上,之后也具有该通道上核心员工同等的晋升机会;并且,对通过一定考核程序的核心营销人员和核心技术人员也可直接晋升至上一级管理岗位。在核心员工选择职业发展路径前期安排专业人士以及事业部内核心员工的上层人员进行指导,确保核心员工在个人事业周期的每个阶段都能做出适合自己的选择。

---

① 刘正周. 管理激励 [M]. 上海:上海财经大学出版社,1998.

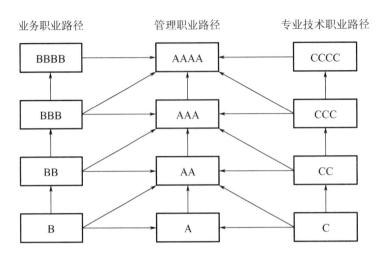

图 9.8　核心员工多元化职业路径

3. 内部拜师制

内部拜师制不同于传统的师傅带徒弟，它不仅可以使核心员工能够在经验和技能上得到许多指点，同时更强调传统文化中的"尊师"，使学员从行为和仪式中感受到整个学习过程的严谨性。

在企业实施内部拜师制主要包括以下几个方面：首先，内部拜师制度中的老师主要由具有丰富工作经验、工作能力强的中高层人员组成，学生即为内部核心员工；其次每位老师一次最多带 5 名学生，而且为了能够使处于不同能力层级的核心员工得到最好的指导，老师团队经考核分为不同等级，同样核心员工在拜师之前也需要进行相应的选拔；再次，结合学生的意愿由主持人员将其分配到相应老师名下，老师与其名下的学生面谈，互相了解情况；最后，双方意愿确定，举行拜师仪式（主要流程如图 9.9 所示）。

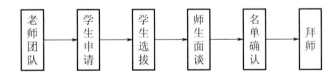

图 9.9　内部拜师制的实施流程

拜师仪式流程如图 9.10 所示，在全体员工前完成以下流程后，拜师成功。

事业部实施的内部拜师制规定每位老师每次带学生的时间为一年半，每半年进行一次考核，共三次考核，考核方式由各老师根据学生情况自由决定，学生考核合格后方可从老师处毕业，毕业后的学生仍受老师指导。这种方式使上下层之间有了良好的沟通，核心员工与事业部的联系又多了一层，加强了核心员工在企业中的嵌入性，有

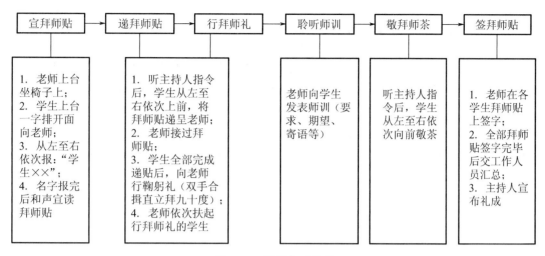

图 9.10　拜师仪式流程

利于培养其企业忠诚度，也使核心员工在个人专业技能上得到更好地指导，在个人职业通道上的发展也将更加通畅。同时，高质量的系统培训体系也使企业达到了核心员工的期望，从而也将更充分地发挥自身才能。

除了企业内部设立的拜师制外，还建立了面向未来的专业知识培训制度，对那些获得了较大的知识成果、对经济利益的刺激不太敏感但很重视个人的成长机会、渴望能够进一步深造的核心员工，为他们提供培训、教育机会，让他们有机会进入名校进一步深造、出席学术研讨会议以及出国培训进修，以此作为对其工作业绩的激励。另外，事业部定期会邀请外部专业人士为核心员工进行培训，并且开设在线课程教育，为他们提供丰富的学习资源。

4．建立和完善关键岗位管理制度

（1）突出团队，淡化个人。为了充分体现激励机制，事业部在客户开发和维护方面，采取的是谁开发、谁维护、利益归谁享有，其他人提供配合和支持，这样做虽然调动了员工开发客户的积极性，但也造成了客户只认员工不认事业部乃至企业的问题，为日后员工和客户的流失埋下隐患。对此，事业部应改变客户开发方式，首先根据市场信息统一筛选目标客户，在确定目标后，组建专门的开发小组，其中核心员工必须保持在 2 人以上，在开发过程中始终要突出公司形象，而不是其中的某一个人。关于利益分享，可以规定一个比例，比如说 60%～70%由主要开发者享有，而其余的 30%～40%则用来激励小组中的其他人员和维护人员。

（2）为关键岗位储备人才。事业部要有符合自身规模和特点的人才储备，对于核心岗位，要形成"传、帮、带"制度，在充分发挥核心员工聪明才智的同时，为他们配备有发展潜力的员工，平时做好副手，配合核心员工开展工作，一旦出现核心员工流失，马上可以顶上去，顺利地接手并开展工作。

5. 建立流失核心员工的管理制度

员工流动是企业发展过程中的正常现象,对于企业管理者来说正确认识和处理这个问题对于人力资源文化建设有十分重要的意义。员工的流动对企业今后的发展还将会产生或多或少的影响,有时候这种影响对事业部来说或许是致命的。所以加强和重视对流失员工的管理是十分必要的。事业部可以通过建立离职员工数据库,与离职的核心员工保持良好的关系,来为以后的合作以及事业部的良好形象奠定基础。

9.4.6 案例解析

核心员工是企业最重要的人力资本,也是决定企业成败的关键资源,核心员工的流失问题是企业发展过程中的重要痛点。案例中的三一重工某事业部在行业整体形势发展下行时出现了大量的核心员工流失,如何及时"止血",以帮助企业渡过难关,是当时企业面临的重要问题,案例再现了防止核心员工流失的问题诊断、方案设计和实施全过程,为解决类似问题提供有效的参考和借鉴。

评价: 大多数民营企业并没有对员工进行专业的划分,也就没有确认企业核心员工是哪些岗位的哪些人,更没有针对核心员工的专门管理方案。三一重工作为我国的重型机械龙头企业,其人力资源管理体系比较规范。当国家宏观经济形势调控,行业形势下行时,核心员工出现大幅度流失,对公司能较快地启动应急程序,及时聘请专业机构诊断原因、设计方案、解决问题,取得了良好效果。本案例呈现了针对核心员工特色所设计的有效激励和留用方案,有较强的推广价值和借鉴意义。

使用说明: 本案例更多的是一个应急方案,提请读者注意最好在企业发展处于良性阶段就构建有效的核心员工保留体系,如增加组织与核心员工的黏性、关注心理契约、优化企业生态环境、设置中长期激励机制,从制度上保持企业对核心员工的吸引力,防患于未然,这才是最好的防止核心员工流失的解决方案。

案例研讨:

1. 请你审核本案例中核心员工流失问题解决方案存在的缺陷,并提出改进意见。

2. 如果是服务型行业,如酒店,你认为核心员工是哪些人,应该如何防止他们流失?

第 10 章　国有企业股权激励

国外的股权激励（Equity Incentive）机制探索始于 20 世纪 50 年代，时至今日仍备受关注。我国公司经理人股权激励真正启动的标志是 2005 年 12 月 31 日证监会颁布的《上市公司股权激励管理办法》。作为一类典型的长期激励工具，股权激励的核心在于通过授予管理层股权的方式使被激励者与公司利益共享、风险共担[1]，进而促使被激励者有动力按照公司利益最大化的原则来经营，以减少或消除管理层短期行为。股权激励也是解决管理层代理问题的重要工具，基于剩余索取权与剩余控制权相统一的原则，股权激励能促使管理层利益与公司股东利益趋于一致，有效减弱管理层追求私利的利益冲动，减少管理层追求短期利益的行为，降低管理层自身利益目标与企业利益目标的矛盾和由此带来的风险[2]。同时，根据信号传递理论，理性的管理者通常不会损害自身财富；在中国这种信息不对称程度更为严重的转型经济国家，管理层在与资本控制方博弈过程中通过垄断信息以获取自身利益最大的问题尤为突出，通过股权激励，使管理层持股可有效消减如企业信息垄断和信息不对称引发的一系列问题，更利于有效规避公司运营风险，提高管理层和企业资本方准确决策水平[3]。可见，管理层的股权激励机制设计能够降低公司管理层与股东之间的利益冲突，有利于处理好公司委托代理问题，是企业高端人力资源管理顶层机制设计的有效工具。当然股权激励也存在着负面作用，如有研究发现，股权激励既有可能通过提高公司绩效发挥正向的公司治理效应，也有可能诱发经理人基于自身短期利益的盈余管理行为，高管可能出于自身利益最大化动机而利用盈余管理调节业绩水平[4]，如安然财务丑闻、世界通信财务舞弊案等就是经典案例。

---

[1] Ederer F, Manso G. Is pay-for-performance detrimental to innovation? [J]. Management Science, 2013, 59 (7): 1496-1513.
[2] Kim E H, Lu Y. CEO ownership, external governance, and risk-taking [J]. Journal of Financial Economics, 2011, 102 (2): 272-292.
[3] Fahlenbrach R, Stulz R M. Managerial ownership dynamics and firm value [J]. Journal of Financial Economics, 2009, 92 (3): 342-361.
[4] 肖淑芳，刘颖，刘洋. 股票期权实施中经理人盈余管理行为研究——行权业绩考核指标设置角度 [J]. 会计研究，2013 (12): 40-46, 96.

10.1 股权激励在国有企业中的运用状况

从本质上分析，我们认为，中国的国有企业改革可以说是从分配和激励机制入手，在此机制的不断深化和完善过程中推动着国有企业改革的深入和发展。如 1978 年国企改革试点时核心内容是将企业增加利润的 12% 留成企业作为奖励、福利和发展基金，实质上是承认人们对物质利益追求的合理性，干得好的和干得差的形成收入差别。但由此也就打开了潘多拉盒子，作为国企资本方代理者的政府和企业经理人地位的国企领导之间的利益博弈由此展开。最早的增加利润留成方法的效果很快就被国企领导者的利润操作手段所吞噬。1985 年出台用以替代的"承包制"运行不久，也被厂长经理们钻了"包赢不包亏"的空子而失效[①]。中国国有企业高管激励中最为明显的特征就是自定薪酬、自谋福利、过度在职消费等管理腐败现象与薪酬管制现象同时并存而且交织在一起。在国有企业状况日益复杂化的背景之下，整齐划一的薪酬管制可以在一定程度上约束国企高管显性的自定薪酬行为，进而使国企高管的薪酬契约进行适当的、必要的调整及规范，但也会导致对高管显性激励不足，灵活性不够而使国企高管产生出从事自定薪酬和管理腐败行为的明显动机或诱因。实证研究发现[②]，与民营企业中内生于公司的薪酬契约相比，国有企业中受到管制的外生薪酬安排缺乏应有的激励效率。

为解决这一问题，国企薪酬制度改革，构建中长期激励机制被推向股权这一深层面。20 世纪 90 年代中后期陆续进行了国企经理人股票期权的试点，并开创了各具特色的地方模式，如上海模式、杭州模式等。到 2002 年国务院办公厅转发财政部科技部《关于国有高新技术企业开展股权激励试点工作的指导意见》，开始允许对国有企业科技人员及经营管理者试点进行股权激励，扩大了国有企业股权激励的适用对象范围，明确了国有高新技术企业开展股权激励试点的原则、条件、对象、方式、额度、激励股权的转让限制、审批程序等一般规则。2006 年，国务院国有资产监督管理委员会和财政部于 1 月 27 日和 9 月 30 日先后颁布《国有控股上市公司（境外）实施股权激励试行办法》和《国有控股上市公司（境内）实施股权激励试行办法》，在激励对象范围、股票来源、激励额度、授予价格、禁售期及解锁期、申报程序等方面做出了更为严格的规定，成为上市公司实施股权激励的又一纲领性文件。随后，中捷股份、双鹭药业等推出了各自的股权激励计划，这种激励方式发展至今，一直是国企激励机制改革的轴心，只是形式更加多样化，体系越来越精密。

在国有企业中进行股权激励时，既有来自国资委的强制性的薪酬管制现象，又有由于内部人控制问题比较严重而导致的自定薪酬、自谋福利现象。二者复杂地交织在

---

① 颜爱民. 中国情境下人力资源管理十二讲 [M]. 北京：北京大学出版社，2018.
② 陈冬华，陈信元，万华林. 国有企业中的薪酬管制与在职消费 [J]. 经济研究，2005（2）：92-101.

一起，再加上由于薪酬管制导致的对历史业绩所提供的有效激励不足进而需要予以奖励或补偿，这三个因素混杂在一起必然会导致在国有企业的股权激励兼具激励、福利和奖励三种性质，无法发挥其应有的激励效果[①]。

2007年3—10月，证监会开展加强上市公司治理专项活动，股权激励暂缓审批，国资委、证监会出台配套政策规范国有企业股权激励。2008年3—9月，证监会陆续发布《股权激励有关事项备忘录1号、2号、3号》，明确了股权激励对象，对行权指标进一步做出规范；叫停大股东向激励对象赠予（或转让）股份的行为。在会计处理上，要求上市公司应在股权激励计划中明确说明股权激励会计处理方法，测算并列明实施股权激励计划对各期业绩的影响。2008年10月，国资委、财政部《关于规范国有控股上市公司实施股权激励制度有关问题的通知》，对严格股权激励的实施条件、完善业绩考核体系、合理控制收益水平和强化计划管理提出更高要求。这些政策法规的实施，均在于从严监管国有上市公司股权激励预期收益失控、实施条件过宽、业绩考核不严等问题，为国有控股上市公司实施股权激励提供了直接的操作依据[②]，很好地完善了股权激励业绩考核体系。

国有上市公司受到证监会和国资委的双重监管，实施股权激励的业绩要求更为苛刻，方案设计约束条件更多，激励对象的收益设置了明确上限，因此国有上市公司实施股权激励有着非常大的困难和阻力，存在政策红线多、沟通链条长、实施过程难和激励力度小等问题。2008年国资委颁布的《关于规范国有控股上市公司实施股权激励有关问题的补充通知》（171号文）规定，在行权有效期内，激励对象股权激励收益占本期股票期权（或股票增值权）授予时薪酬总水平（含股权激励收益）的最高比重，境内上市公司及境外H股公司原则上不得超过40%，境外红筹公司原则上不得超过50%。股权激励实际收益超出上述比重的，尚未行权的股票期权（或股票增值权）不再行使，诸如此类的政策约束还有很多。国企股权激励方案成型大约要一年时间，并且有1/3的方案是通不过国资委这一关的，相对而言，民企只需要两三个月，与央企相比，地方国企往往要经过当地市国资委、省国资委和国务院国资委的层层审批，沟通和实施难度则更大。

10.2 股权激励的主要方式

国内外理论研究和实证表明，常见的股权激励有股票期权、限制性股票、员工持股、股票增值权、虚拟股票五种方式。

[①] 辛宇，吕长江. 激励、福利还是奖励：薪酬管制背景下国有企业股权激励的定位困境——基于泸州老窖的案例分析[J]. 会计研究，2012(6)：67-75.
[②] 何军. 两部委新规：封杀国有上市公司滥行股权激励[N]. 上海证券报，2008-12-12.

10.2.1　股票期权

1. 股票期权激励的基本特征

股票期权是指公司授予激励对象在未来一定期限内以预先约定的价格和条件购买本公司一定数量股票的权利。股票期权工具的核心特征，在于它是以一种购买股票权利而非实际股票的方式体现。一般而言，激励对象在股价上涨时会行使这种权利，以获得差价收益，在股价下跌时则会放弃这种权利，以规避损失。当然，对于被授予股票期权的激励对象，在授予后，通常有一定时期的行权限制期（等待期），在行权限制期结束后，可以基于股票期权计划的规定，在未来的一定时期内逐批或一次性行权。在行权后，激励对象可以立即抛售股票兑现该笔行权收益，也可以继续持有股票在资本市场获取其他可能的股价上升带来的资本利得收益，中长期激励行权与否决策模型如图 10.1 所示。

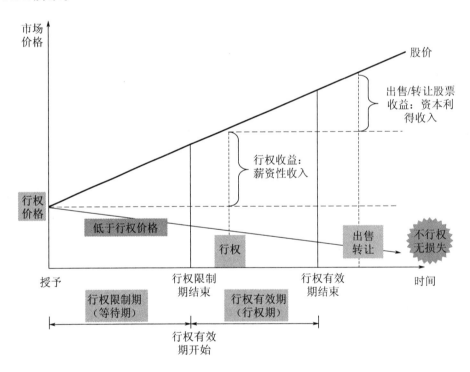

图 10.1　中长期激励行权与否决策模型

从具体的操作来看，股票期权激励要经历准备、授予、行权、结束四个阶段，如图 10.2 所示。在实施股票期权激励方案时，要按照每一个阶段激励的重点内容细化操作细则，以指导激励活动有序进行。

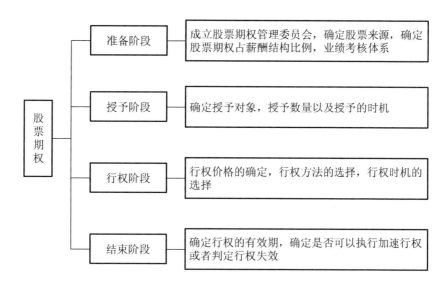

图 10.2　股票期权实施基本步骤

2. 股票期权的优缺点及其适用性

总体来说，股票期权是市场上使用最广、最为流行的激励工具，从实践效果来看，股票期权计划的授予时点对激励效果影响较大，在股价高点推出的股票期权计划普遍因股价下跌出现期权价值"潜水"情况，因而难以达到理想的激励效果；在股价低点推出的股票期权计划则可由资本市场让激励对象获得了丰厚的激励回报。具体情况见表 10-1。

表 10-1　股票期权的基本情况

优点	1. 将经营者的报酬与企业长期利益捆绑，使经营者与所有者利益一致 2. 企业没有任何现金支出，有利于降低激励成本 3. 根据二级市场股价波动实现收益，激励力度大
缺点	1. 由于股票市场的价格波动和不确定性，激励效果不够 2. 由于我国股票市场的不完善性，股权激励并不能使管理层人员和股东利益完全一致 3. 可能导致经营者短期逐利行为，影响股价波动 4. 可能稀释现有股本
适应性	1. 快速成长、市值管理较为有效的公司 2. 上市公司为主，非上市公司由于无法利用资本杠杆较少采用
实践	1. 超过 70% 已实施股权激励的 A 股上市公司普遍采用，但目前已下降到 50% 左右 2. 典型企业：青岛海尔、伊利股份

10.2.2 限制性股票

1. 限制性股票激励的基本特征

限制性股票指公司按照预先确定的条件授予激励对象一定数量的公司股票，激励对象只有在工作年限或业绩目标符合股权激励计划规定条件的情况下，才可出售限制性股票并从中获益。限制性股票工具的核心特征，是在授予日即直接持股，相对于股票期权，更体现实际的利益捆绑。对于被授予限制性股票的激励对象，在授予后，通常有一定时期的股票禁售期（限制期），在禁售期结束后，可以基于限制性股票计划的规定，在未来的一定时期内逐批或一次性解锁并出售股票。限制性股票授予时，可以无偿或者以一定价格授予激励对象，对于以一定价格授予的限制性股票，在解锁时若股票价格低于限制性股票的购买价格，则激励对象需要承担价格下跌带来的损失，若股票价格高于限制性股票的购买价格，则激励对象在股票解锁后，即通过购买价格低于市价的价差，获得差额收入。当然，在股票解锁后，激励对象可以立即抛售股票兑现该笔差额收入，也可以继续持有股票以获取股价上升带来的资本利得收益（当然，股价有下跌的风险）。限制性股票激励决策基本模型如图10.3所示。

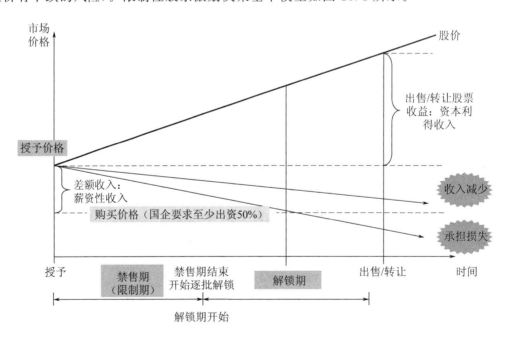

图 10.3　限制性股票激励决策基本模型

2. 限制性股票激励的优缺点及其适用性

限制性股票是仅次于股票期权、使用率较高的长期激励工具，虽然限制性股票具有更强的约束性，但有一点值得指出的是，从实践来看，股票期权的授予价格通常不低于激励草案公布前一交易日股票收盘价和草案公布前30个交易日股票平均价格中的较高者；而限制性股票的授予价格则是不低于草案公布前20个交易日股票平均价格的50%，在实际操作过程中，执行价格多位于平均价格的60%~80%之间。这就使得限制性股票在股价波动的情况下更为容易获利，其具体情况见表10-2。

表10-2 限制性股票实施的基本情况

优点	1. 把员工利益和其他股东的利益联系在一起，较期权计划而言，限制性股票计划更稳定可靠，预测性更强 2. 在服务期和业绩上，对受益人有较强的约束力 3. 退出成本较高，使受益人不能随意离职
缺点	1. 相对于股票期权，限制性股票激励对提升业绩的杠杆作用要小得多，对员工的激励性也相对要小一些 2. 可能稀释现有股本
适应性	1. 成长和业绩较为稳定、股价走势平稳 2. 上市、非上市公司均适用
实践	1. 30%左右已实施股权激励的A股上市公司采用，目前已发展到50%左右 2. 典型企业：中兴通讯、万科、华侨城、光明乳业等

10.2.3 员工持股

1. 员工持股激励的基本特征

员工持股计划是一种通过让员工持有本企业股权而使其获得激励的长期绩效奖励计划。实践中，通常以员工持股信托（ESOT）的形式来操作，即企业员工共同出资作为委托人，由信托公司作为受托人购买企业的股票或者股权，并由受托人代为持有和管理。其一般流程如图10.4所示。

2. 员工持股激励的优缺点及其适应性

在员工持股计划中，必须关注如何合理分配股权，如何最大限度地激发股东责任，如何在不同的法律框架体系下有效地推动员工持股作用的发挥等问题。这一方案的基本情况见表10-3。

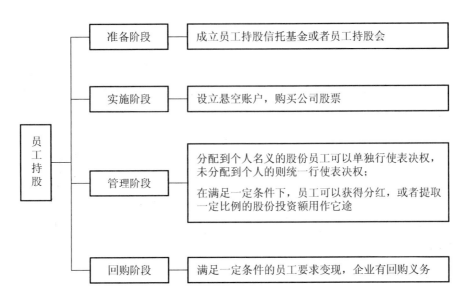

图 10.4　员工持股方案实施一般流程

表 10-3　员工持股激励的基本情况

优点	1. 通过劳动与资本的结合构造出新的投资主体和产权形式，促进了产权结构的多元化 2. 有利于最广泛地发挥员工的"主人翁"作用 3. 有利于完善公司内部分配制度
缺点	1. 股东数量众多，造成股权分散 2. 中介机构不完善，难以与股东真正形成一致的行动方案
适应性	1. 创业初期资金相对紧张的公司 2. 以人力资本或者智力资本为主的公司
实践	典型企业：华为

10.2.4　股票增值权

1. 股票增值权的基本内涵

股票增值权指公司授予激励对象在一定的时期和条件下，获得规定数量的股票价格上升所带来的收益的权利，即在股价上升时激励对象可按公司规定行权，并获得由公司以现金兑现的相应股价上升收益，股价下降时可不行权，无损失。股票增值权可看作虚拟的股票期权，和股票期权的区别在于不涉及实际股票，直接由公司向激励对象兑现行权时获得的价差收益，并且也无法利用资本杠杆，需要由公司以现金形式承担全部成本。对于激励对象，被授予股票增值权后，类似于股票期权，需要经过一定时期的行权限制期（等待期），在行权限制期结束后，可以基于股票期权计划的规定，在未来的一定时期内逐批或一次性行权。在行权时，由公司以现金兑现行权价格和股票市价的价差收益，如图 10.5 所示。

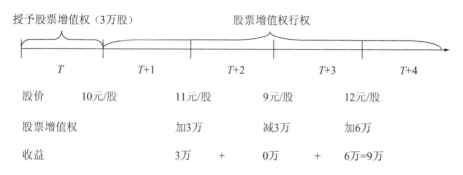

图 10.5 股票增值权实施情况

2. 股票增值权的优缺点及其适用性

实施股票增值权，被授予人在约定条件下行权，上市公司按照行权日与授权日二级市场股票价格差乘以授权股票数量，发放给被授权人现金。运用股票增值权的基本情况见表 10-4。

表 10-4 股票增值权的基本情况

优点	1. 审批程序简单，无须解决股票来源问题，不存在法律障碍 2. 不牵涉投票权和分红，不涉及新股发行，不影响公司股本结构
缺点	1. 股票增值权的收益来源于公司提取的奖励基金，现金支付压力大 2. 由于股票市场价格波动，激励效果不够 3. 由于资本市场的不完全性，激励对象与股东利益可能并不完全一致 4. 可能导致管理者短期行为
适应性	1. 公司现金充裕 2. 具有较大的成长空间 3. 一般为上市公司
实践	1. 目前 A 股上市公司采用较少，一般针对少数核心人员或持股受限制人员，但在大型国有企业境外上市公司较为常见 2. 典型企业：中国石化、中国神华、中国国航、广州国光、华菱钢铁

10.2.5 虚拟股票

1. 虚拟股票增值权的特征

虚拟股票指公司向激励对象授予与公司真实股权对应的（虚拟股票）单位，持有者可以在一定时期以后获得与其对应的真实股权的全部价值，含增值权和分红收益，但没有实际所有权和表决权。虚拟股票工具的核心特征，是虚拟的股票由公司以现金兑现股票初始价值和每股价值增长，可设计参与分红，由于完全模拟股票的价值和收益，在后端兑现时也可灵活地实现与实际股票的对接。虚拟股票增值权实施情况如图 10.6 所示。

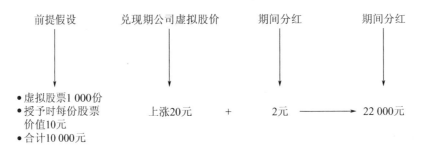

图 10.6　虚拟股票增值权实施情况

2. 虚拟股票增值权的适应性及优缺点

股票增值权不涉及实际股份，其基本情况见表 10-5。

表 10-5　虚拟股票增值权基本情况

优点	1. 实际上是一种企业分红权的凭证，不享有其他权利，因此不会对公司总资本和股本结构造成影响 2. 能够激励持有人不断努力提升公司业绩，使企业盈利，从而取得更多的分红收益，具有内在的激励性 3. 取得收益的前提是实现业绩目标，具有一定的约束作用 4. 离开公司自动失效，退出成本较高
缺点	1. 激励对象可能因考虑分红，减少甚至于不实行企业资本公积金的积累，而过分地关注企业的短期利益 2. 企业分红意愿强烈，导致公司现金支付压力大
适应性	1. 公司现金流充裕 2. 较为成熟稳定的公司 3. 使用股权条件尚不成熟的上市公司和非上市公司
实践	1. 一般为非上市公司采用，可与年度现金激励挂钩 2. 典型企业：中粮集团非上市公司、山东华盛中天机械集团有限公司

10.3 典型案例一：以华菱钢铁为代表的上市公司"限制性股票＋股票增值权"模式

10.3.1 公司背景

湖南华菱钢铁股份有限公司（以下简称"华菱钢铁"）是由湖南华菱钢铁集团有限责任公司为主发起人，联合长沙矿冶研究院等单位，经湖南省人民政府批准共同发起成立的股份有限公司，1999年7月在深交所上市。在钢铁行业前所未有的市场变革中，华菱钢铁迅速崛起，跻身于中国十大钢铁企业，全球二十大钢铁企业之列。为了更好地激励公司管理层，形成公司管理层利益与公司利益、股东利益的共同体，公司根据监管部门有关规定，制订了《公司限制性股票激励计划》和《公司外籍高管股票增值权激励计划》（以下简称公司股权激励计划）。华菱钢铁成为湖南省首家实行股权激励计划的上市公司，其母公司华菱集团则实施了股票增值权计划。

10.3.2 激励方案的基本内容

华菱钢铁的股权激励方案以限制性股票方案为主，考虑到存在外方股东提名的外籍董事和管理层不具备持有A股条件，为该部分对象提供股票增值权方案，两个方案的条款基本等价。

1. 时间进度安排

2008年1月14日召开第三届董事会第十九次会议审议通过了《公司限制性股票激励计划（草案）》和《公司外籍高管股票增值权激励计划（草案）》，之后根据监管部门的审核意见，进行修改和完善。公司修订后的股权激励计划先后获得了湖南省国资委的批准和国务院国资委的备案，并经中国证监会审核无异议。最后，于2008年7月30日完成限制性股票和股票增值权计划的授予和实施工作。

2. 激励方案

华菱钢铁股权激励方案中限制性股票和股票增值权方案的考核标准是完全一致的，但在标书上存在差异。两个方案的主要差异表现在激励对象和标的不同，对比情况见表10-6。

表 10-6 华菱钢铁限制性股票和股票增值权方案对比

	限制性股票	股票增值权
激励对象	中国国籍董事、高管	外籍董事、高管
激励标的	在股东大会通过后 30 日内通过二级市场回购	无须回购股票
授予价格	实际回购价格的 1/2，即激励对象须支付回购价值一半的对价【2008.7.28】	行权价为本次激励计划草案【2008.1.10】公布日前 30 日股票均价及前一交易日收盘价的孰高者
有效期	5 年、2 年锁定期和 3 年解锁期	5 年、2 年等待期和 3 年行权期
解锁/行权	在解锁年度内如满足考核要求，可解除锁定，自由处置股票	在行权期内激励对象可择机行权，要求华菱钢铁支付股权与行权价之间的差价

具体而言，华菱钢铁的限制性股票和股票增值权激励计划方案的主要内容见表 10-7。

表 10-7 华菱钢铁限制性股票和股票增值权激励计划方案

	限制性股票	股票增值权
激励对象	● 中国国籍高级管理人员 ● 核心技术（业务）人才和管理骨干	● 由安赛乐米塔尔提名、公司董事会聘任的非中国国籍的高级管理人员
股票来源	● 在股东大会审议通过股权激励计划起 30 日内，公司按照股权激励计划规定提取一定的购股资金，并从二级市场购买公司 A 股股票，在授予日一次性授予激励对象	● 由于股票增值权计划不涉及实际股票，以华菱管线股票作为虚拟股票标的
授予价格	● 限制性股票的授予价格为在约定购股期内，以购股资金从二级市场购买本期计划限制性股票的平均价格 ● 授予激励对象的单位限制性股票获授对价：单位限制性股票获授对价 = 该期计划授予价格×1/2	行权价格为下列价格的较高者： ● 本激励计划草案【2008.1.10】摘要公布前一个交易日的公司股票 ● 本激励计划草案【2008.1.10】摘要公布前 30 个交易日公司股票算术平均收盘价
解锁条件	● 本计划锁定期（等待期）为两年，在锁定期满后即进入三年解锁期，解锁比例分别为 40％、30％和 30％。解锁的考核指标包括 ROE 和主营业务增长率。最后一批解锁/行权时，20％的股票应根据其担任职务的任期考核或经济责任审计结果确定是否行权	

续表

	限制性股票	股票增值权
业绩指标	• EOE（净资产现金回报率）：作为每期计划授予限制性股票或股票增值权的条件。公司经审计的业绩年度EOE达到或超过目标值，该目标值为境内同行业对标企业同一年度EOE平均值 • ROE（扣除非经常性损益后的加权平均净资产收益率）：作为限制性股票或股票增值权的锁定期和解锁期的考核条件。首次授予的限制性股票锁定期首年公司ROE水平不低于8%，第一批解锁日的前一个年度ROE不低于11%，之后每批解锁日的前一个年度公司ROE不低于12%，方能对限制性股票或股票增值权进行解锁 • 营业收入增长率：作为限制性股票或股票增值权的锁定期和解锁期的考核条件。首期计划的营业收入增长率考核目标为：2007—2010年的营业收入分别比2006年营业收入增长18%、35%、60%、99%。第二期计划的营业收入增长率考核目标在第二期计划实施前再届时确定	
个人绩效评价考核	• 根据公司绩效评价办法，在该批限制性股票的解锁日（或股票增值权的可行权起始日）所在年度的前一个会计年度的个人绩效评价合格 • 在每期计划的最后一批限制性股票解锁（股票增值权行权）时，激励对象获授限制性股票（股票增值权）总量的20%，应根据其担任职务的任期考核或经济责任审计结果确定是否解锁	
其他条款	• 惩罚性条款：未解锁的限制性股票及该等股票的股票股利将由公司向交易所申请解锁由公司回购注销或由个人按公司要求将股票出售	• 在等待期和每期计划行权期内，如某位激励对象未满足计划内考核条件，则该激励对象相应的该批股票增值权予以注销，但不影响其他各批股票增值权的行权

10.3.3 激励计划实施情况及其影响

1. 限制性股票实施情况——业绩未达标，触发惩罚性条款

根据上述分析可知，公司于2008年7月25日至2008年7月28日从二级市场购入公司A股股票共计3 435 112股（占公司总股本的0.125%），平均购股成本约7.204元/股，使用资金24 744 940.18元，余259.82元。公司于2008年7月30日完成限制性股票和股票增值权计划的授予和实施工作。2008年本期限制性股票的授予影响公司2008年税前利润1 237.26万元。

根据华菱钢铁限制性股票方案相关规定，授予限制性股票总量的40%，即1 374 045股，于2010年7月30日已进入解锁期；授予限制性股票总量的30%，即1 030 534股，于 2011 年 7 月 30 日进入解锁期；授予限制性股票总量的 30%，即 1 030 533 股，于 2012 年 7 月 30 日进入解锁期。由于中方高管激励对象未满足第一批、第二批及第三批计划考核条件，本公司需向交易所申请解锁及回购注销事宜，并根据限制性股票激励计划的有关规定对其进行相应处置。

2. 股票增值权实施情况——业绩未达标，触发惩罚性条款

公司于 2008 年 7 月 30 日向本公司外籍高管授予 36.37 万份股票增值权，股票增值权行权价格为人民币 12.95 元/股，等待期 2 年，等待期满后的 3 年为行权期。

上述所授予股票增值权的 40%，即 14.548 万份，于 2010 年 7 月 30 日已进入解锁期；上述所授予股票增值权的 30%，即 10.911 万份，于 2011 年 7 月 30 日进入解锁期；上述所授予股票增值权的 30%，即 10.911 万份，于 2012 年 7 月 30 日进入解锁期。由于外籍高管激励对象未满足第一批、第二批及第三批计划考核条件，相应的股票增值权应予以注销。

3. 实施激励计划后的业绩表现——不抵市场低迷，出现亏损

股权激励的推出及实施进一步完善了公司的薪酬激励体系，健全公司激励、约束机制，建立股东、公司与经营管理层之间的利益共享、风险共担机制。然而，依然抵不过钢材市场低迷、下游需求疲软、原材料价格高位震荡运行的影响，华菱钢铁未能如期实现高速增长，并且出现不同程度的亏损。高管也因为惩罚性条款而受到损失，最高个人损失约为 40 多万元。2007—2012 年华菱钢铁经营情况如图 10.7 所示。

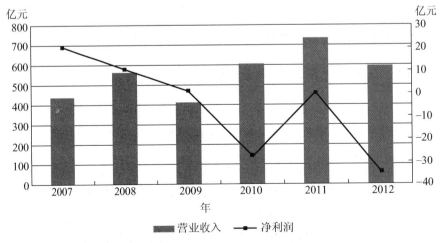

图 10.7　2007—2012 年华菱钢铁经营情况

10.3.4 案例解析

国有企业的高管团队激励和约束机制建立一直是困扰国有企业发展的重大理论和现实难题,我有幸较多参与了湖南省国资委有关国企改革的政策设计,华菱钢铁公司是湖南国企的龙头企业,也是改革的重大试点和示范企业,其股权激励过程颇有特色也很有代表性,尤其是在国有企业高管薪酬管制的红线下,推行以限制性股票和股票增值权为工具的激励计划,较好地体现了其激励与约束并重的效果,很有借鉴意义。

评价:本案例所采用的限制性股票和股票增值权计划,旨在让激励对象(高管团队)不仅限于关注公司短期经营绩效和自身利益,更着眼于公司内在素质的提升和战略性目标的实现,使公司高层管理者与公司成为真正的利益共同体,降低监控难度和委托代理风险,也能达到抑制过度在职消费甚至贪污受贿等违法乱纪行为。本案例的一个重要特点就是面对政策红线如何有效解决核心团队中的外籍专家和高管的有效激励问题,鉴于外籍员工不能持股这一法律和政策规定,华菱钢铁采用了股票增值权计划,较好地解决了这一难题。案例全面呈现了华菱钢铁公司在进行股权激励和股票增值权计划的过程中所涉及的激励对象、股票来源、授予价格、解锁条件、业绩指标和个人绩效评价考核等全套方案和过程,尤其是方案在实施过程中,根据约束条件,因宏观经济环境发生重大变化,公司因业绩指标达不到预定目标而宣布终止整个方案的实施,这种因触发惩罚性条款而通过决策程序终止激励方案实施的过程非常具有典型意义,有利于读者更深刻地理解和体悟股权和股票增值权激励方案中的约束条件设计。

使用说明:限制性股票和股票增值权激励属于较常用的长期激励方法,其利益驱动机制是:当激励对象充分发挥自己的能力与创造力达到激励计划解锁条件时,就可以获得一部分股票收益,一个阶段激励计划顺利实施后,下一个阶段激励计划随之实施,如果企业业绩能持续增长,激励对象通过持续的利益驱动而不断努力,形成良性驱动效应。但是,该类激励方式启动的时机应该是企业具有良好增长预期阶段,通过激励的逐步兑现而达到激励效果。华菱钢铁公司激励实施的时机选择不当,方案启动后不久即陷入行业持续低迷、企业绩效持续下降状态,触发惩罚性条款,激励机制转化为惩罚机制。当企业触发惩罚性条款后不久,我参加了国资委组织的专题研讨会,力主终止该方案,同时立即设计针对经济形势下行时有效的薪酬和激励考核方案,以维持高管团队必需的动力,防止在外部经济环境不利时企业业绩更深度地滑落。国资委及时终止了股票和股票增值权的激励方案,并根据企业经营环境,以全行业经济效益水平和对标企业效益水平为标准,重新制定了新的针对性的薪酬和考核方案,遏制了企业绩效的恶性下滑,为后来的逆势上扬奠定了基础。通过股票增值权来解决外籍专家长期激励问题是本案例的另一个亮点,进入 2016 年 7 月 13 日后,证监会新颁布的《上市公司股权激励管理办法》将外籍员工也已列入可实施股权激励对象。在这种情况下，如果再来设计方案时就不建议再使用股票增值权，因为其激励力度偏小，动力不足。

案例研讨：

1. 比较限制性股票、股票增值权和股票期权的激励效果差异，并讨论其适用条件。

2. 根据本案例给出的信息，请你推断该公司终止股票和股票增值权的激励方案后，新的针对性薪酬和考核方案核心条款。

3. 如果是在 2016 年 7 月 13 日后，你会如何设计该公司的长期激励方案？

10.4 典型案例二：一项被撤回的股票期权激励计划——中联重科针对核心员工的股票期权激励

10.4.1 公司背景

中联重科的前身为建设部长沙建设机械研究院，1956 年成立于北京，1976 年迁至湖南长沙。1992 年，为探索科技成果转化的新途径，该院依靠 7 名员工，借款 50 万元资金创办了中联重工科技发展股份有限公司（简称"中联重科"）。20 多年来，中联重科年均复合增长率超过 65%，公司的两大业务板块混凝土机械和起重机械均位居全球前两位。2012 年，中联重科实现收入过 900 亿元，利税超过 120 亿元，企业即将突破千亿收入大关。

10.4.2 激励方案基本内容

2013 年 2 月 26 日公告，中联重科第四届董事会 2013 年度第二次临时会议于 2013 年 2 月 21 日召开，审议并通过了《公司股票期权与限制性股票激励计划（草案）及摘要》①。激励计划包括股票期权激励计划和限制性股票激励计划两部分，其股票来源为公司向激励对象定向发行新股，本案例主要介绍股票期权计划。

1. 股票期权激励计划的目的

股票期权激励计划是为了进一步完善本公司的公司治理结构，将股东与管理层的利益

---

① 资料来源：2014 年 3 月 28 日中联重科股份有限公司发布的《（1）修订公司章程（2）建议在中国发行中期票据及（3）撤销建议采纳的股票期权激励计划及限制性 A 股激励计划》公告。

相结合,增强公司管理团队和业务骨干的责任感、使命感,为中联重科持续发展奠定核心人才基础。

2. 股票期权激励计划的激励对象确定依据和范围

(1) 激励对象确定依据。

股票期权激励计划的激励对象根据《公司法》《证券法》《股权激励管理办法》《股权激励实现备忘录》《上市规则》及其他有关法律、法规、规范性文件和《公司章程》的相关规定确定。

(2) 激励对象的范围。

股票期权激励计划建议的激励对象包括本公司现任董事、高级管理人员及核心关键技术及管理人员、先进个人以及董事会认为合适的其他人。

此外,上述人士若发生以下任一情况,即不能成为股票期权激励计划的激励对象:①最近三年内被深交所及联交所所公开谴责或宣布为不适当人员;②最近三年内因重大违法违规行为被中国证监会予以行政处罚;③具有《公司法》规定的不得担任本公司董事,高级管理人员情形;④董事会认定的其他严重违反本公司有关规定的。

3. 股票期权激励计划的股票来源和数量

(1) 股票期权激励计划的股票来源。
以人民币 A 股普通股作为股票期权激励计划的股票来源。
(2) 股票数量。

根据股票期权激励计划拟授出的期权所涉 A 股综述为 157 201 500 股 A 股,约占本公司现时已发行股本总额的 2.04%,约占目前已发行 A 股总额的 2.50%。

除非经股东大会批准,任一激励对象通过形式股票前激励计划或本公司其他有效的股票期权激励计划(如有)所授期权而独立发行的 A 股总额,任何时候均不超过本公司当时同类股本总额的 1%,并且在任何 12 个月期间内授予任一激励对象的上限(包括已行使、已注销及尚未行使的期权)不得超过本公司同类别股本总额的 1%。

4. 股票期权激励计划的激励工具

股票期权激励计划采用期权作为激励工具,标的股票为本公司 A 股普通股。在有效期及行权期内,并在满足股票期权计划行权条件和行权安排的情况下,每份期权让持有人有权以预先确定的价格购买本公司一股 A 股。

5. 有效期、授予日、等待期、可行权日、禁售期

（1）有效期。

股票期权激励计划有效期为5年，自根据股票期权激励计划首次授予日起计算。

（2）授予日。

股票期权激励计划在报中国证监会备案无异议、获本公司股东大会审议通过值日起30日内，由董事会确定首次授予日，并完成登记、公告等相关程序。首次授予日及任何其后的授予日必须为交易日，股票期权激励计划生效之日30天内，由董事会进行股票期权激励计划首次授予；由首次授予之日起12个月内，进行其后授予。

（3）等待期。

股票期权激励计划的等待期是授予日起12个月。

（4）可行权日。

根据股票期权激励计划授予的期权按规定的比例分期行权。可行权日必须为交易日。所有期权必须在期权有效期内行权完毕，有效期结束后，已授权但尚未行权的期权作废，由本公司注销。

（5）禁售期。

期权行权时发行的A股的禁售规定如下。

① 激励对象为本公司董事或高级管理人员的，其在任职期间每年转让的A股不得超过其所持有A股总数的25%；在离职后半年内，不得转让其所持有的A股。

② 激励对象为本公司董事或高级管理人员的，将其行权后发的A股在买入后6个月内卖出，或者在卖出后6个月内又买入，由此所得收益由董事会收回，全归本公司所有。

③ 在有效期内，如果《公司法》《证券法》、相关法规和《公司章程》中对本公司董事和高级管理人员转让A股的限制发生了变化，适用修改后的限制规定。

6. 行权价格和确定方法

（1）首次授予的行权价格。

股票期权激励计划首次授予所建议授予的期权的行权价格为每股A股人民币9.30元。在满足行权条件后，激励对象根据首次授予获授的每份期权可按每股A股人民币9.30的价格购买一股A股。

以上行权价格为下列两者较高者：①本公告公布之日前一个交易日（即2013年2月21日），A股在深交所的收盘价，即每股A股人民币9.19元；②本公告公布之日前30个交易日，A股在深交所的平均收盘价，即每股A股人民币9.30元。

（2）任何其后授予的行权价格确定方法。

根据股票期权激励计划任何其后授予的期权须经董事会批准，并在召开相关董事

会会议批准该授予后,由董事会在可行情况下尽快公布相关授予情况的摘要(包括承授人的姓名、将授予的期权数目及其他期权条款)。

股票期权激励计划其后授予的期权的行权价格为下列两者较高者:①上述其后授予公布日前一个交易日,A股在深交所的收盘价;②上述其后授予公布日前30个交易日,A股在深交所的平均收盘价。

7. 期权的获授条件和行权条件

(1) 期权的获授条件。

本公司未发生以下任一情形。

① 最近一个会计年度财务会计报告被注册会计师出具否定意见或者无法表示意见的审计报告。

② 最近一年内因重大违法违规行为被中国证监会予以行政处罚。

③ 中国证监会认定的其他情形。

(2) 行权条件。

除满足上述条件外必须满足以下条件,方可行权。

① 公司业绩考核指标。

本公司必须在相关行权期达到下列适用的业绩考核指标(表10-8),激励对象方可行权。

表10-8 行权期及业绩考核指标

行权期	业绩考核目标
第一个行权期	2013年度净利润相比2012年度增长不低于12%
第二个行权期	2014年度净利润相比2013年度增长不低于12%,且较2012年度增长不低于25.4%
第三个行权期	2015年度净利润相比2014年度增长不低于12%,且较2012年度增长不低于40.5%

本公司净利润为归属于股东的扣除非经常性损益后的净利润。

若本公司在行权期内任何一期未达到行权条件,则当期可行权的相应比例的期权可以递延到下一年,在下一年达到行权条件一并行权。若下一年仍未达到行权条件,本公司有权不予行权并注销。

② 激励对象业绩考核指标。

激励对象只有在上一年度绩效考核为合格以上,才能行权当期期权。行权期考核若不合格,则取消当期行权额度,期权份额由本公司注销。

③ 行权期。

股票期权激励计划授予的期权自首次授予日起满 12 个月后分批行权。不同行权期行权情况见表 10-9。

表 10-9 不同行权期行权情况

行权期	行权时间	可行权数量占获授期权数量比例
第一个行权期	自首次授予日起 12 个月后的首个交易日起至首次授予日起 24 个月的最后一个交易日当日止	33%
第二个行权期	自首次授予日起 24 个月后的首个交易日起至首次授予日起 36 个月内的最后一个交易日当日止	33%
第三个行权期	自首次授予日起 36 个月后的首个交易日起至首次授予日起 48 个月内的最后一个交易日当日止	34%

本公司每年实际生效的期权份额将根据本公司当年财务业绩考核结果相应调整。

8. 根据股票期权激励计划建议授予

本段载有期权授予方案的主要条款内容。期权授予方案的相关内容必须符合股票期权激励计划的限制规定。期权授予方案未有订明的内容，按股票期权激励计划相关条款厘定。

（1）授予期权的股票数量。

根据股票期权激励计划可授予的期权所涉 A 股总数为 157 201 500 股 A 股，约占本公司现有已发行股本总额的 2.04%，及现已发行 A 股总数约 2.50%。首次授予将涉及可认购 141 481 300 股 A 股，约占本公司现有已发行股本总额（7 705 954 050 股）的 1.84%，约占本公司现有已发行 A 股总数（6 275 925 164 股 A 股）约 2.25%。

（2）根据股票期权激励计划分配期权。

股票期权激励计划首次授予涉及的建议激励对象共计 1 549 人，占本公司 2011 年年末员工总数的 4.7%，其中包括本公司董事、高级管理人员、公司核心关键技术及管理人员和先进个人，以上本公司及其子公司核心关键技术和管理人员的分配情况由董事会薪酬与考核委员会提案，董事会决定，监事会审阅。股票期权激励计划的首次授予的分配情况见表 10-10。

表 10-10 股票期权激励计划的首次授予的分配情况

激励对象职位	激励对象合共获授的期权数量（份）	该类激励对象获授期权占股票期权激励计划授予期权总量比例	相关 A 股占本公司总股本比例
董事长	2 766 700	1.760%	0.036%
执行董事	1 106 900	0.704%	0.014%
副总裁*	1 844 800	1.174%	0.024%
高级总裁*	1 844 800	1.174%	0.024%
副总裁*	1 844 800	1.174%	0.024%
副总裁*	1 844 800	1.174%	0.024%
高级总裁*	1 475 800	0.939%	0.019%
副总裁*	1 475 800	0.939%	0.019%
副总裁*	1 475 800	0.939%	0.019%
公司秘书*	1 475 800	0.939%	0.019%
高级总裁*	1 106 900	0.704%	0.014%
副总裁*	1 106 900	0.704%	0.014%
副总裁*	1 106 900	0.704%	0.014%
副总裁*	73 790	0.469%	0.010%
高级总裁*	737 900	0.469%	0.010%
高级总裁*	737 900	0.469%	0.010%
高级总裁*	737 900	0.469%	0.010%
高级总裁#	1 475 800	0.939%	0.019%
首席信息官#	1 475 800	0.939%	0.019%
副总裁#	1 475 800	0.939%	0.019%
核心关键技术及管理人员及先进个人（1 529 名激励对象）	113 625 200	72.280%	1.475%
合计（1 549 名激励对象）	141 481 300	90.000%	1.836%

股票期权激励计划首次授予后余下期权 15 720 200 份，约占本公司现有已发行股本总额 0.20%，及现已发行甲股总数约 0.25%。

10.4.3 撤回公告

自董事会建议采纳激励计划后，中国宏观经济、工程机械行业及资本市场均发生较大变化：宏观经济增速下降、工程机械行业市场需求进一步下滑、A 股市场持续调整。受上述因素影响，工程机械行业上市公司的业绩和股价均受到了较大的影响，激励计划无法真正发挥激励作用。

鉴于上述原因，董事会认为继续推进原激励计划难以达到预期的激励效果。经过慎重考虑，2014 年 3 月，公司董事会决定撤销股票期权激励计划，并及时向中国证监会提交撤销申请①。

10.4.4 案例解析

股票期权是使用率最高的一种股权激励方法，中联重科实施股票期权计划的目的是，通过股票期权将企业管理层和核心骨干利益与企业的利益紧紧捆绑起来，以激发其工作热情和活力。该案例展示了一个基本完整的股票期权激励计划，详细规定了股票期权激励计划的目的、激励对象确定依据和范围、股票来源和数量、激励工具、行权价格和确定方法、期权获授条件和行权条件等内容。尤其是该案例也是业绩与指标不能达到而不得不撤回公告的一次激励计划，具有典型意义。

评价：自 2005 年我国实行股权分置改革以来，国有大中型企业薪酬体制市场化改革步伐不断加快，实行股权激励的上市公司数量逐年持续增长，截至 2015 年年底，推出股权激励计划的上市公司总共有 808 家，占比近 30%。股权激励计划对科技型、创新型公司的推动比较明显，对调动员工积极性、提升公司业绩发挥作用显著。因为股票期权是典型的基于公司高速成长和良好预期而实施的有效激励方案，我国的科技型、创新型上市公司多有这种高成长特征，其股票期权激励效果较好。这种激励的时机选择也应该是经济形势上行，企业发展预期较好的时候。而中联重科该激励方案选择的时机不当，但及时终止实施股权激励计划，专注调结构、抓效益，重塑企业的竞争力，可谓明智之举。

使用说明：本案例的股票期权计划基于股权激励的相关法律法规，统筹兼顾了企业、管理层、员工各方的利益诉求，设置了激励模式、激励对象、行权价格、激励期限、激励条件、授予数量等全套股票期权激励方案，是一个经典的、完整的股票期权

---

① 资料来源：2014 年 3 月 28 日中联重科股份有限公司发布的《（1）修订公司章程（2）建议在中国发行中期票据及（3）撤销建议采纳的股票期权激励计划及限制性 A 股激励计划》公告。

激励方案。特别提醒读者注意的是，该激励方案有效期达 5 年，旨在通过分批行权、较长的授予期以防止业绩操控行为，避免福利行为，达到有效激励目标[①]。本案例的主要问题还是在于激励方案的实施时机选择不当，方案失效后尽管及时终止，但留下的激励空白未能设计有效的替代方案予以弥补，对企业在经济形势不利时的健康发展构成障碍。

案例研讨：

1. 如何防止国有企业的股权激励出现"自定薪酬、自谋福利"等现象？

2. 请你根据案例中的信息，设计终止股权激励后的替代激励方案，并组织探讨其有效性。

---

① 吕长江，郑慧莲，严明珠，等. 上市公司股权激励制度设计：是激励还是福利？[J]. 管理世界. 2009（9）：133 - 147.